ふらりと気軽に行ける。だからこそ、もっと知りたくなる(台北)

いっそのこと一周してみようかなと思い立って(台中)

近くて近い国でした(台中)

日本に似ているけど漂う異国情緒(台中)

浅く広くではなく、狭く深く（台中）

体重の増加は覚悟のうえで(台南)

ときどき小籠包が待っている(台中)

毎日がお祭りだったらいいのに(台南)

美味しさの秘密は食欲にあり（台南）

旅人に必要な幸せな時間（高雄）

手垢の付いていない絶景を求めて(馬祖島)

さらなる仲間意識を抱いてみたり(台北)

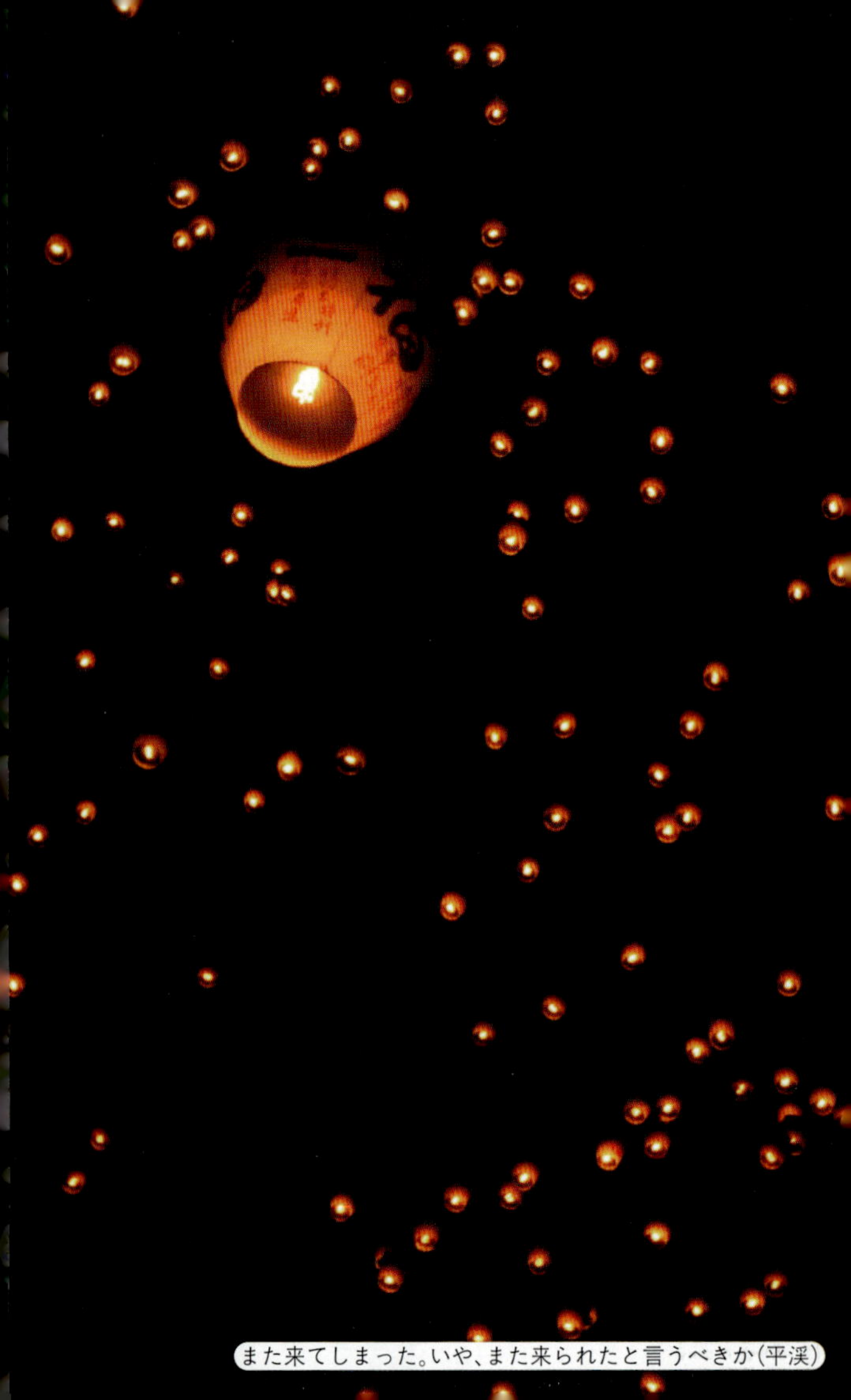

また来てしまった。いや、また来られたと言うべきか(平渓)

週末台北のち台湾一周、ときどき小籠包

吉田友和

幻冬舎文庫

週末台北のち
台湾一周、
ときどき小籠包

吉田友和

もくじ

序章　台北

（一）二泊三日で行ってきます

まずは満腹になってみることから始めようと思った。それがこの国らしい旅の幕開けである気がしてならなかった。

なあに大それた話ではない。美味しいものを心ゆくまで食べたい、というだけのことだ。歳を重ねるにつれ、旅における「食」の優先順位がますます高まってきた。認めたくはないが、我が体重も着実に増加傾向にある。また太りそうだが、台湾を旅すると決めた時点で、さらなるデブ化は覚悟のうえである。

だから台北に到着して、真っ先に目指したのは夜市だった。とにかくまずは台湾らしいご飯をわしゃわしゃ食べて、胃袋から現地への同化を図っていく。

狭い通りの両脇に、ひしめくようにして屋台が立ち並んでいた。漢字で書かれた屋号入りの看板が電飾を施され、無数の裸電球の明かりが辺りを照らす。中にはＬＥＤ電球を導入しているイマドキな屋台も見受けられた。夜市も時代と共に変化しつつあるのだなあと目を細める。

夏祭りの縁日を彷彿させる、どこか懐かしい光景には何度来てもワクワクさせられる。童心に返ったような無邪気な気持ちになれる。自分の中で台湾の旅の原風景といえば、真っ先に思い浮かぶのが夜市だった。

そわそわした足取りで何を食べようかと物色していると、強烈な匂いが鼻をついた。台湾の夜市ではお馴染みの、臭豆腐の匂いだ。漢字をそのまま日本語に訳すと、とんでもないネーミングだなあといつも思う。そしてその名の通り、とんでもなく臭い。くさやや、ドリアンなどと同ジャンルに入れてもいいだろうか。

日本には存在しない匂いであるがゆえに、臭いと感じるだけなのかもしれない。旅人は匂いに敏感になる。少なくとも、僕はこの匂いはそんなに嫌いではない。

「ああ、台湾へ来たんだなあ」

むしろ、感慨が湧いてきたのだ。旅の序盤には、着いたばかりでまだ日本を引きずった状態から、本格的に旅モードに切り替わる瞬間がどこかで訪れる。臭豆腐の匂いを嗅いだことで、スイッチがオンになった気がしたのだった。

僕は近くのコンビニに駆け込んだ。台湾の夜市では、一部の店を除き酒類は売られていないから、飲みたいのなら各自で調達する必要がある。台湾ビールの缶を購入し、店を出たところでプルトップをプシュッと捻った。

ぐびぐびぐびっ……ぷはあ。

駆けつけ一杯。来て良かったなあ、と独りごちる。これぞ旅の最初のハイライト。同時に、出発するまでの慌ただしい日々が脳裏をよぎった。

年の瀬が迫った十二月初旬である。年内に片付けなければならない締め切りもまだ残っている。年末進行といって、この時期は一年で最も忙《せわ》しないのが出版業界の慣例だ。暢気に海外をふらふらしている場合ではないのだが、そんなときだからこそ旅のありがたみは大きくなる。まあ、いいのだ。来てしまえばこちらのものである。

考えたら大義名分も、これぞという目的も何もない気ままな旅だった。きっかけは、いつもながら些細なことである。たまたま格安のチケットが手に入ったのだ。

今回はバニラエアというＬＣＣで台北に飛んできた。日本にもＬＣＣが本格的に就航するようになり、旅が気軽なものになった。普段から安いＬＣＣだが、しばしば開催されるバーゲンでは、信じられない価格で航空券が売り出される。

成田〜台北が往復で一万四千四百八十円だった。色めき立つほどの安値である。税金などの諸費用がすべて込みでこの金額なのを見て、深いことを考えずポチッと購入したのである。旅は安いから行くものではないと考える一方で、圧倒的な激安価格には抗えない魅力があるのも正直なところだった。

もちろん、行き先が台湾だったことは大きい。

どこでもいいわけではないのだ。

食べ物に喩えるなら、僕にとって台湾はカレーライスのような国である。毎日食べたいというほどではないものの、常になんとなくは念頭にあって、ふとした拍子に無性に恋しくなる存在。ラーメンに喩えても良さそうだが、ラーメンは店選びに失敗すると外すこともある。食べたら確実に満足できる安定度の高さ、という意味ではやはりカレーライスに喩えた方がしっくりくる。

ブランクが生じると、そろそろ行きたいなあという衝動に駆られる。そして、行ったら間違いなく楽しい国。台湾は僕にとっては最も身近な旅先のひとつなのだ。

なお、旅の日数は短い。二泊三日である。

といっても、台湾の旅では標準的と言えるだろう。東京からわずか三時間半。距離的にも日本から至近にあるからこそ、ふらっと訪れようという気になれる。週末海外と称してたびたび訪れているが、短期旅行の慌ただしさとはいつも無縁だ。

訪問回数はすでにふたケタに達している。何度も来ているのに、飽きることはない。今回のように、突如として渡航計画が持ち上がるのもよくあるパターンだ。都合良く解釈するならば、土地に呼ばれるような感覚である。

まあ、理由なんて何でもいいか。訪れる機会が到来したなら、嬉々として飛行機に乗り込むだけである。そうして、またしてもやってきた次第。「やってきた」というよりも、「帰ってきた」と表現すべきかもしれない。

話を戻そう。そう、夜市である。

具体的な地名を出すと、寧夏路《ねいかろ》夜市に来ていた。

台北には夜市は数あるけれど、とくにお気に入りなのがこの夜市だ。観光客に人気の士林《しーりん》夜市や饒河街《ぎょうかがい》夜市と比べると規模はずっと小さいものの、グルメの名店が集まった美食の夜市として知られている。

あちこちで湯気がもうもうと上がっていた。どれもウマそうで、優柔不断な旅人は選びあぐねてしまう。なにせ、到着して一食目である。できれば、いや絶対に外したくない。我ながら、恥ずかしいぐらいに食い意地だけは張っている。

屋台が並ぶ三百メートルほどの通りを三往復もして、ようやく選んだのは焼肉飯の店だった。大鍋でとろとろになるまで煮込んだ豚肉を、ご飯の上にかけたもの。見た目や調理法は角煮に似ているが、肉の部位が違う。豚足などコラーゲンたっぷりのプルプル系で、強いていえば沖縄料理のてびちのような感じだ。

寧夏路夜市には魯肉飯《ルーローファン》の名店、「鬍鬚張魯肉飯《ひげちょうるうろうはん》」もある。魯肉飯はそぼろ肉であるが、焼肉飯の味付けもあれとほぼ同じだ。肉と一緒に入っている筍がしゃきしゃきしているのもいい。とろとろでしゃきしゃき。お世辞抜きで美味しい。ガッツリ系の一品だが、お碗が小ぶりなのであっという間に平らげてしまった。

うーん満足、満足。幸先よし、である。当てずっぽうで入った店がウマかった暁には得した気分になる。この店を選んだ決め手となったのは、客の入り具合だった。そこだけ明らかに混んでいたのだ。

台湾の人たちはキホン、食いしん坊である。誠に失礼ながら、僕にはそうとしか思えない。終始何かを食べているイメージ。食べることに関しては、清々しいまでに貪欲な印象を受けるのだ。

何が売られているかだけでなく、みんなが何を食べているかも観察。

だからこそ、彼らの舌は信頼できる。ローカルの人が集まる店を狙うのは台湾に限らず海外旅行の鉄則だが、この国ではとくにその作戦は有効だと思う。

しょっぱいものを食べた後は、甘いものが欲しくなる。別腹とはよく言ったものだ。ちょうどいい具合に、焼肉飯店の斜向かいにジュース屋台が見つかった。

看板に書かれた「木瓜牛乳」の文字にむむむっと反応してしまう。実は大好物なのだ。木瓜はパパイヤ、牛乳は読んで字の如く。つまり、パパイヤミルクである。

ひとつ注文すると、「ごじゅうげんね」と店のおばちゃんは日本語で言った。五十元、パパイヤミルクの値段だ。

台湾では片言でも日本語を話せる人が多い。とくに台北では英語よりも日本語の方が通用するぐらいで、言葉に不自由することはほとんどない。

「ここで食べる？」

おばちゃんに訊かれ、僕は頷いた。

飲み物なので正確には「飲む？」なのだろうが、意味は通じる。いや、もしかしたらパパイヤミルクは、台湾の人にとっては食べ物の感覚なのかもしれない。確かに、ジュースというよりはシェイクに近い。ストローでチューチュー吸いつつ、甘いもので胃袋も心も満たされていく。いやホント、来て良かったなあ。

翌朝も目が覚めて真っ先に思ったのが、何を食べようかということだった。常宿にしているホテルには朝食が付いているのだが、パンやお粥につくり置きの総菜類というお決まりメニューなので、僕はだいたいいつもパスする。せっかくなので、適当なご飯ではなく、できるだけ美味しいものを食べて満腹になりたい。滞在日数が限られるのだから、一食でも無駄にするべからず、である。

さらにいえば、台湾グルメの真髄は朝食にあるのではないかと僕は睨《にら》んでいたりもする。街には朝っぱらから美味しい匂いが漂っている。台湾ならではの激ウマ朝食を狙って、散歩がてら外へ食べに行くのがマイ定番コースだ。

中山路《ちゅうざんろ》という、台北中心部を南北に貫く目抜き通りの近くに宿は位置する。MRTの最寄り駅は中山駅で、どこへ出るのにも便利な立地なのだが、まずは徒歩でアクセス可能な範囲で食べる店を探すことにした。

駅とは逆方向へ進み、林森路《りんしんろ》に入った。飲み屋さんが多く、夜は遅くまで賑わう歓楽街だが、朝はひっそりと静まりかえっている。良さそうな店が見つからなかったので、そのままズンズン南へと歩いて行ったら善導寺《ぜんどうじ》駅の近くまで来てしまった。中山駅周辺からだと結構な距離を歩いたことになる。

善導寺駅まで来たのならば、店のアテがあった。その名も「阜杭豆漿《フーハンドウジャン》」という、朝ご飯専門の食べどころだ。ガイドブックには必ず載っている有名店で、台北の朝食スポットとしては代表格と言えるだろうか。

その阜杭豆漿へ行ってみて、驚いた。並んでいたのだ。それも、ちょっと尋常ではないレベルの行列だった。店はビルの二階にあるのだが、階段の下まで列が続いている。最後尾は階段を降りて一階の、さらに建物の入口の外だった。

ええぇ、マジか。だって、まだ朝の八時だよ。

僕のような明らかに外国人観光客といった風貌の人たちもいるが、大半は地元の台湾人のようだった。彼らは、美味しいものを食べるためなら並ぶのも厭わないのだ。たとえ朝食であっても手は抜かない。台湾の人たちの食に対するアグレッシブさは、僕が想像していた以上だと感じた。

うーん、どうしよう。

並ぶのは大の苦手である。普段ならアッサリあきらめるところなのだが——。

まあ、しょうがないか。僕は意を決して並ぶことにした。同じ食いしん坊として、台湾の人たちに敬意を表し、彼らの流儀に倣《なら》い食欲を何よりも優先させる。たまには並んででも食べてみるのもいいだろう、ということで。

店員さんが並んでいる人たちにパイナップルケーキを配って歩いていた。お店の側も行列慣れしているのだろうか。ささやかながら気の利いたサービスに、さすがは人気店と感心させられる。

列の進み自体がそんなにスローではないのは良かった。キャッシュオン方式の、フードコートのような店である。カウンターの人員数が多く、動きはてきぱきしている。注文した先からトレーに品物が配膳されていく。最後にお会計という流れだ。

メニューは壁に書かれていた。阜杭豆漿という店名から分かる通り、メインとなるのは豆漿、すなわち豆乳である。ホットとアイスが選べるので、僕はホットにした。あとは揚げパンを頼めば、たちまち幸せな台湾朝ご飯

食いしん坊旅行者は、朝ご飯から早くも本気を出すのである。

の出来上がり。

ちなみに揚げパンのことは油條《ヨウテイアオ》という。豆乳はそのまま飲んでも美味しいけれど、油條をちぎって豆乳に浸しながら口に運ぶのがスタンダードな食べ方だ。

豆乳が二十五元、揚げパンが二十二元で計四十七元。思わず頬がゆるむほどの安さ。もちろん、文句なしで美味。大衆店ではあるものの、だからといって味に妥協があるわけではないのだった。

さらに追加で厚餅夾蛋《ホウビンジャーダン》という一品を注文した。卵焼きを餅でくるんだものだ。餅といっても、ピザ生地のような感じで、どちらかといえばパンに近い。

この店では厨房がガラス張りになっていて、列に並んでいるときに様子を見学できる。見ていてとくに気になったのがこの厚餅だった。よくこねた生地を伸ばし、窯の内側に貼り付けていく。窯焼きなのだ。もっちりとした食感と香ばしさ。非の打ちどころがない美味しさに、参りましたと白旗を揚げたくなった。なるほど、これは確かに並んででも食べたいかも。

朝から満腹になれると自然と笑みがこぼれる。いい一日になりそうである。

二泊三日の台湾旅行において、二日目をどう過ごすかはキーポイントとなる。初日と三日目はどうしても移動に時間が取られる。朝から晩までまるまる一日を確保できるのは二日目だけである。

とはいえ、あまりガツガツ観光する気分にはなれない。自慢にはならないが、怠惰な旅行者なのだ。あれもこれもと詰め込みすぎると疲れてしまう。

僕は毎回、とりあえず何かひとつだけ目標を立てるようにしている。目標などと言うと堅苦しいので、テーマと言い換えてもいい。ワントラベル、ワンテーマである。行きたいところや、やりたいことを絞り込む。決して無理はしない。

今回はいつもよりほんの少しだけ壮大な野望があった。

テーマはズバリ、自転車である。

レンタサイクルでも借りて、気ままに走ってみようかなと。

なあんだそんなことか、と鼻で嗤《わら》われるかもしれない。でも、もやしっ子旅行者の自分にしては、これでもずいぶん思い切ったチャレンジなのである。やるときはやるのだ！　食べてばかりいるわけではないのだ！　と興奮気味に書いておく。

それに、運動をすることにはもうひとつ別の狙いもある。

腹ごなしである。美味しいものを美味しく味わうためには、お腹が減っている方がいい。適度に体を動かしてお腹を減らしつつ、晩ご飯に備える。自転車散歩も楽しめて一石二鳥の旅プランだ。おお、我ながらなんてグッドアイデア！　食べてばかりいるわけではないのだ！　大事なことなのでもう一度書いておく。

実はこれは、以前に南アフリカを旅していたときに思いついたアイデアだった。

大陸南部のケープタウンという街で、お寿司の食べ放題の店に出合った。アフリカの旅は食事情が本当に厳しく、僕は餓えていた。そんなときにお寿司が登場したのだ。しかも食べ放題と聞いて、喜びのあまり発狂しそうになった。

その店に挑むにあたって、一計を案じた。ケープタウンは自然に囲まれた風光明媚な街で、テーブルマウンテンという小高い山を背後に抱く景観で知られる。その山にまずは登ってお腹を減らせば、お寿司もより美味しく、しかも胃袋のキャパシティ以上に食べられるのではないか——などと考えたのである。

いわば、満腹になるための空腹づくり。

馬鹿馬鹿しい話のようだが、本人は大真面目だった。

いざ山の麓まで行ったら予想していたよりもずっと急峻なのに怯《ひる》み、上りはロープウェーを使うというズルをしたけれど、下りだけでも空腹づくりには十分で、お店の人に呆れ顔をされるほどお寿司を食べて食べまくったのであった。

ああ、懐かしいなあ。あれから十年以上も時が経つというのに、まるで成長していない。昔から食い気にだけは逆らえない旅行者だった。

というわけで、この日は自転車作戦を敢行することにしたのだ。

向かったのは淡水《たんすい》だった。台北郊外の行楽地としては定番のひとつで、僕も過去に何度か訪れたことがある。MRT淡水線に乗れば、台北中心部から三十分もかからない。手軽なお出かけスポットと言えるだろうか。

ただし、今回は淡水へ直行するのではなく、途中の關渡《かんと》駅で下車した。淡水の三つ手前のこの駅をスタート地点として、残りの距離は自転車で走破する目論見だ。

なぜ關渡駅なのかというと、駅前にレンタサイクルの店があると聞いたからだった。改札を出て少し歩くと、すぐにそれらしき店が見つかった。

店頭には人だかりができていた。高校生ぐらいの若者の一団が自転車を借りようとしている。台北から遠足気分でやってきて、サイクリングを楽しもうといった感じの雰囲気。男女比がちょうど半々。まるで合コンのようで、微笑ましい光景だ。

台湾では近年、自転車がブームだという。各地に専用の自転車道が設けられ、自転車のレースが大盛況らしい。こうしてレンタサイクルの店が流行っているさまを目の当たりにすると、噂通りなのだなあと納得するのだった。

台湾はアジアの中でも自転車先進国と言えそうである。たとえば、台北市内にも「ＹｏｕＢｉｋｅ」という公共の自転車レンタルステーションが設けられていて、それに乗って街中を颯爽《さっそう》と走る人々の姿をよく見かける。返却時は借りたのとは別のステーションに乗り捨てできる。チョイ乗りするのに便利な乗り物だ。

日本でもお馴染みの自転車メーカー「ＧＩＡＮＴ」は、台湾の会社である。性能の割には価格が他メーカーよりも手頃で、僕も自転車購入の際には有力候補のひとつだったなあと思い出す。

今回借りたのも、まさにそのＧＩＡＮＴ製の自転車だった。グレードによって二百元と三百元の二種類があると言われ、二百元の自転車を選択した。三百元の方が素人目にも明らかに立派だったが、車種に対するこだわりはないから、安いので十分だ。

「パスポートありますか？」

ここでも日本語である。これほど旅がしやすい国はほかにないだろうなあ。僕はパスポートを提示し、あとはデポジットとして五百元を支払った。これは返却の際に戻ってくるという。もとより、自転車をかっぱらうつもりはない。

ちなみに返却の際には淡水にある支店へ持ち込めばオーケーで、わざわざ關渡まで戻ってくる必要はない。ワンウェイで進んで乗り捨てし、帰りはそのまま淡水からＭＲＴに乗ればいいわけだ。効率的なプランを立てられるのも、このコースを選んだ理由のひとつである。

サドルの高さを調整し、僕は自転車に跨《またが》った。いよいよ出発である。

異国の地で、自分の足となる乗り物があるのはやはり心強い。タクシーやバスに頼らずとも、好きな場所へ自由自在に行けるようになる。羽根を得たような開放感。

自転車は景色が流れる速度がほかの乗り物よりもゆるやかなのもいい。ペースは自分で決められる。僕の場合には基本的にノロノロ進んでいく。ガシガシ漕いで時速何十キロもの速度で先を目指すようなタイプではない。マッタリ、ゆるゆる。超が付くほどにお気楽なサイクリングなのである。

駅前から伸びる道に沿って真っ直ぐ行くと、高架の下をくぐり抜けて住宅街に入った。台北中心部と比べると、この辺りにはビルなどの高さのある建物はほとんどなく、下町然としている。

ごく普通の台湾の一般家庭といった装いの民家の前を、きこきこ音を立てながら通り過ぎていく。素朴ながら綺麗に手入れされた鉢植えを置いた家に目を奪われていると、さささささーっと猫がすごい勢いで駆け抜けていった。猫好きとしてはペダルを漕ぐ足を止めないわけにはいかない。

「トゥットゥットゥットゥッ」

僕が巻き舌で口ずさむと、猫は一瞬止まってこちらを振り返ってくれたが、警戒したのか近寄ってはこない。怪しい者ではないのにゃ、と目で訴えながらちょっかいを出そうとすると――全力で走って逃げていった。うーん、薄情な猫め。

さらにゆるゆる進んでいく。近所の住民らしきおばちゃんとすれ違ったので、軽く会釈をすると、微笑みで返してくれた。台湾の人は猫よりもずっと愛想がいい。悪意の欠片もなさそうな笑顔に心が安らいでいく。

ああ、いいなあ。観光地を巡るだけでは味わえないであろうこのローカル感。自転車を選んで正解だった。

道は入り組んでいるが、迷いそうになったらスマホの地図アプリを確認すればいい。GPSで現在地が分かるので、見知らぬ街とはいえ楽勝である。少し走って住宅街を抜けると、川に出た。淡水河というらしい。

ざっと見たところ、川幅は優に数百メート

サイクリングついでに観光も楽しむ。「關渡宮」は絵になる建物だ。

ルはある。東京でいえば多摩川ぐらいのスケールの、結構しっかりとした河川だ。地図で見ると、台北市内からここまで流れてきて、さらに淡水まで続いている。土手の上には自転車専用道が敷設されていた。川の流れに沿う形で、この道も淡水まで伸びているという。このまま河沿いを下っていけば、目的地である淡水へ辿り着けるというわけだ。

サイクリングだけでなく、ランニングをしている人もいる。犬を連れて散歩中の人も見かけた。遊歩道の役割も兼ねているのだろう。川の悠然とした流れを横目に、車やバイクに気兼ねすることなくのんびりペダルを漕ぐ。実に気持ちのいいコースである。

走っていると、フッと懐かしさに襲われた。

景色もどことなく多摩川に似ているかもしれない。

自宅から近いせいか、多摩川は東京でもとくに馴染みが深い。僕の中でのあの川のイメージは、住宅街に囲まれた憩いの空間だ。迷路のような市街地を抜けると、そこだけ視界は開け、空がやけに広く感じられる。

いま走っているこの淡水河もまさにそんな感じなのだ。河沿いを走りながら受ける風の気持ち良さも、多摩川サイクリングに通ずるものがある。瓜二つとまでは言わないが、類似点がやけに目につく。自分がどこにいるのか分からなくなってきた。

台湾は日本人にとっては最も身近な外国だと思う。（東京から）距離的には韓国の方がさらに近いはずだが、街のつくりや人々が醸し出す雰囲気などを比較すると、旅していて日本を彷彿させられるのは、僕の場合、圧倒的に台湾の方である。この国にいると、唐突にどこか知ったような光景に出合い、ハッとさせられることがしばしばなのだ。

とはいえ、ここはもちろん日本ではない。道路は右側通行だし、標識は漢字表記とはいえ日本語にはない文字もしばしばお目見えする。土手の下の川岸を覗くと、なんとマングローブが生い茂っていた。やはり多摩川のように見えたのは錯覚にすぎなかったようだ。ここは淡水河なのである。

自転車道は概ね舗装されていたが、ところどころガタガタ道が現れた。振動を避けるためにサドルからお尻を浮かせ、転倒しないように細心の注意を払い通過していく。といっても、難関というほどではない。

気になったのはそれぐらいで、あとは終始楽ちんな道のりが続いた。女性が一人で自転車を漕いでいたりもするし、治安上の懸念もまったくなさそうだ。ゆっくりノロノロペースで走り、途中何度も写真を撮るのに停まったりしつつも、二時間もかからずに目的地へ到着した。まさに入門者向けのコースと言えそうだが、体力はほど良く消耗している。心地の良い疲労感だ。ヘタレな自分には、これぐらいでちょうどいい。

淡水までやってきたときには、ちょうど日没の時間が近づいていた。淡水は夕陽の名所としても知られている。実は密かに狙ってこのタイミングに合わせたのだ。

　天気は気まぐれである。名所とはいえ、厚い雲に覆われたら為す術もない。だからあえて期待は抱かずに訪れたのだが——旅の神様はいるらしい。

　うれしいことに絶好の夕陽日和だったのだ。無事完走したご褒美なのだとしたら出来すぎだろうか。

　川向こうへと太陽は沈んでいった。じわりじわりと空が少しずつ茜色に染まっていった。対岸の山がちな地形がシルエットと化して浮かんでいる。太陽は高度を下げるにつれ、より大きく存在感を増し、力強い光を放った。

　イッツ、ショウタイム！

　夕陽観賞は僕にとって究極のエンターテイ

淡水河沿いの自転車道はのんびりゆるゆる。気持ちのいいコースだ。

ンメントだ。旅行中に拝む夕陽は普段よりも何倍も美しく感じられる。このまま、いつまでも見ていたくなる。

自転車を返却したその足で、夜の淡水の街に繰り出した。お待ちかねの晩ご飯である。無事やり遂げた達成感に浸りながら、ささやかながら祝杯を上げたい。

とりあえずまずはビールである。誰が何と言おうとビールなのである。

ビール、ビール、ビール……ぶつぶつ呟きながら、駅前から続く中正路を歩いて行ったのだが、途中で気が変わった。寒いのだ。めちゃくちゃ寒い。

日中は日が出ていたし、自転車を漕いでいたので、体は自然とあったまっていた。ところが夜になり、徒歩の身になってしまうと、気温の変化からは逃れられない。風がびゅーびゅー吹きつけ、外にいるだけで体温がどんどん奪い取られていく。とてもじゃないが、ビールどころではなかった。

台湾というと南国の気候を想像しがちだが、これは間違いの元のようだ。夏は暑くて、冬は寒い。日本ほどハッキリ四季が分かれているわけではないものの、季節に応じた服装と心構えが求められる。

冬の台湾を舐めてはいけない。ウッカリ軽装のままで寒空の屋外に放り出される形になった。おかしいなあ。こんなはずではなかった。

この時期の台湾は初めてではない。以前に来たときはどうしたんだっけ。記憶を辿り——思い出して、ハッとなった。

そうだ、あのときも予期せぬ寒さに打ちのめされ、急遽ダウンジャケットを購入したのだ。いい教訓になったと自分に言い聞かせたはずなのに、同じ過ちをまたしても繰り返してしまった。我が身の愚かさが恨めしくなる。

こうなってくると、何でもいいのであたたかいものを口に入れたい。理想はスープ系の料理だ。スープ入りなら麺類でもいい。とりあえずまずはスープである。

スープ、スープ、スープ……ふたたびぶつぶつ呟きながら、スマホで淡水のグルメ情報をチェックした。すると、ワンタンスープの名店が近くにあることが分かった。ワンタンスープかあ、なんという魅惑的な響き！　いまの気分にピッタリだ。

そんなわけで、いそいそとやってきたのが「百葉温州大餛飩」という店だった。中正路の繁華街を抜けた先のロータリーに面していた。駅からは少し距離がある。

入口のカウンターでメニューを選ぶ。定食のようなセットメニューが用意されていたので、ワンタンスープとジャージャー麺のセットを注文した。百四十五元。代金は先払いで、客席は二階に用意されている。

ネットで調べた情報によると、この店には周杰倫が若い頃に通っていたのだという。周杰倫と書いて、ジェイ・チョウと読む。ミュージシャンであり、俳優としても知られている。台湾のトップスターの一人だ。店にはなんと、その名も「ジェイ・チョウ・セット」というメニューまで用意されている。

「へえ、あのジェイ・チョウのお気に入りなのか。それはすごい！」

などと喜ぶべきなのだろうか。彼のCDは僕も持っている。熱烈なファンではないものの、自分好みのヒップホップ調の曲が多く、日本でもたまにカーステなどで聞いている。

けれど、そのことと店選びは別問題である。

日本でも、こういう芸能人御用達をウリにした飲食店にたまに出合う。正直なところ、興味はないし、ありがたみも感じない。だから何？　と思ってしまうのが正直なところである。僕がひねくれているのだろうか。

より重要なのは、ウマイかマズイかであろう。それなのに、「ジェイ・チョウが食べに来た」ことが最大のセールスポイントであるかのごとく紹介されていたわけだ。穿った見方をすれば、ほかにウリになるものがないのだとも捉えられる。

「もしかしたら、味自体は大したことがないのではないか」

一抹の不安も抱きながら、出されたワンタンスープを実食したのだが――。

あれ、普通に美味しい？　いや、かなりウマイかも。海苔やほうれん草が載っていて、どことなく日本的なやさしげな味わいだ。肝心のワンタンもプリプリしており、食感からして塩味が利いたスープは、こってりすぎず、薄すぎず。食欲をそそられる。

冷え切った体に、アツアツのスープが染み渡る。ふはふは言いながら、あっという間に平らげた。これだこれ、まさに僕が求めていた味であった。

疑ってゴメンナサイ。美味しかったです、ハイ。

お店を出て、中正街に並ぶ店を冷やかしながら駅へと歩いていく。三峡《さんきょう》クロワッサンの店を発見し、お土産にひとつ購入した。実は大好物なのだ。

三峡は淡水と同じく、台北からは日帰りできる郊外の街で、以前に一度遊びに行ったことがある。クロワッサンが名物らしく、街のあちこちで専門店を目にした。何気なく食べてみたらあまりに美味しくて、僕はファンになってしまったのである。

一般的なクロワッサンのようにふわっとはしておらず、生地がぎっしり詰まっているのが特徴だ。食感はしっとり系である。プレーンのものだけでなく、チョコ味やチーズ味など種類が豊富で、感覚はパンというよりはお菓子に近い。

またそのうち食べに行こうと密かに狙っていたのだが、まさか淡水で再会できるとは。旅をしていると、たまにこういう偶然が訪れる。ふたたび旅の神様に感謝である。

三峡は僕好みの素敵なところだった。旧市街には赤レンガ造りの古い建物が並び、どこを撮っても絵になるフォトジェニックな街並みが印象的だ。カメラを手にそぞろ歩きつつ、小腹が減ったらクロワッサンをつまむ。お散歩向きの街である。

台北周辺だけでも、まだまだおもしろいところはたくさんありそうだ。もっと積極的に開拓していかねばと、そういえば三峡へ行ったときに決意したことを思い出した。

同じ国を繰り返し訪れ、リピーター化すると、旅人は少なからず保守的になってくる。口に合う食べ物や、心安まる場所を見つけ、自分の中での定番が確立されていく。お気に

これが三峡クロワッサン。牛の角のような独特の形をしている。

入りがあること自体は歓迎すべきだが、見方によってはマンネリとも言える。外したくないからと、毎回同じようなコースをなぞるだけになったらつまらないのだ。たとえ見知った国であっても、冒険心はいつまでも忘れずにいたい。

淡水駅からMRT淡水線に乗り込んだ。始発駅だから座席は空いていて、座ることができた。台北市内では地下鉄のイメージのMRTも、郊外の方では屋外を走る。といっても、日没後のいまはもう窓の外の景色は望めない。

改札機に悠遊卡《ヨウヨウカー》をかざすと、残高がマイナス七元と表示された。

日本のSUICAと似た感覚の、チャージ式プリペイドカードである。外国人にとっては、別名の「Easy Card（イージーカード）」の方が親しみ深いかもしれない。MRTだけでなく、コンビニやカフェでの支払いの際にも、現金の代わりに使用できる。その名の通り、これがあるだけで滞在がイージーになる。台北旅行では必須アイテムのひとつだ。

それにしても、マイナス七元とは……。残高不足でもとりあえず列車に乗ることはできるらしい。急いでいるときに、いちいちチャージしに戻らずに済むのはありがたい。

台北市内に近づくにつれ、まばらだった座席もほぼ埋まり、むしろ混雑の様相を呈してきた。スマホやタブレットを手にしている乗客が多い。東京の地下鉄車内と大差ない光景だが、東京との違いも見られる。

たとえば、椅子と背もたれが一体化した座席。基本のカラーリングは水色だが、出口に近い位置にある一部のシートだけ濃いめの青色になっている。この青色の席には、うっかり座ってはいけない。「博愛座」と書かれている。優先座席なのだ。

日本で電車に乗っていると、優先席にドカッと座り込んで平気な顔をしている人を見かける。目の前にお年寄りや妊婦さんがやってくると、寝たふりをして無視を決め込む者も珍しくない。言葉は悪いが、厚顔無恥の極みだと思う。

台湾のMRTでは、どんなに混雑していても、青色の優先座席に腰を下ろす人はいない。あくまでもお年寄りや、体の不自由な人のための座席というわけだ。些細なことかもしれないが、僕はいつも感心させられる。そして、いい国だなあと目を細めるのだ。台湾の人たちには、思いやりの心が根づいている。

宿があるのは中山駅だが、二つ手前の民権西路《みんけんせいろ》駅で途中下車した。夜は始まったばかりだ。お腹も一段落したので、改めてビールにも挑みたい。

向かったのは、駅から歩いて十分弱の雙城街《そうじょうがい》だった。あまり来ることのないエリアだが、確かこの辺りに、バーが集まった通りがあったはずだ。台北は街じゅう飲食店だらけだが、一人でも気兼ねなく一杯やれるような店は案外少ない。クラブへ踊りに行く手もあるが、静かに飲みたい夜だってある。

記憶を頼りに探索していくと、通りから入った路地の辺りに、ネオンサインがちらほら灯っているのを発見した。ところが一見して、僕は眉をひそめた。期待していたのと違っていたのだ。

「こんなところだったたっけ……」

スポーツバーのような店が数軒並んでいるが、どこも繁盛しているようには見えない。どちらかといえば、うらびれた雰囲気だ。記憶は美化されやすい。前回は人に連れられて来たので、冷静に観察していなかったのかもしれない。

入口のドアが開いている店を見つけたので、外から店内の様子を窺った。西洋人のオジサンが暇そうにジョッキを手にしていた。テレビ画面にはサッカーの映像が流れている。東南アジアの歓楽街にありそうな店だと思った。少なくとも、台湾っぽい情緒は感じられない。周囲の漢字の世界からは隔絶され、そこだけ妙に浮いている。

正直、入るのを躊躇したくなる光景だった。けれど、ここまで来たのだからと意を決し、付近でも最も綺麗で明るい店に入って生ビールを注文した。

そこそこ客で賑わっていた。全員西洋人だ。店員さんは台湾人だが、ネイティブのアメリカ英語で対応され、まるでアメリカのバーへ来たような気持ちになる。生ビールの銘柄はカールスバーグ。一杯百元もした。ううむ、結構お高い。

こういう西洋人ライクな飲み屋が別に嫌いなわけではない。でも、台湾に来ておきながら行きたいとは思えないのも正直なところだったりする。なんだか場違いな店へ入ってしまった気がして、一杯だけ飲んですごすごと退散したのだった。

このまま夜を終えたくなかった。ときには失敗もあるけれど、それをリカバリーして余りあるほどのアタリを引いたりもするから、最後まであきらめてはいけない。

バーを出て駅へ向かって歩いて行くと、屋台が連なっている一画に遭遇した。雙城街夜市だった。こぢんまりとした、ちょっとした屋台街といった風情の夜市だ。昨晩訪れた寧夏路夜市と比べてもずっと小規模で、ローカル色がさらに強い。

そこかしこから美味しそうな匂いが漂ってきて、僕は思わず足を止めた。西洋人バーで微妙に敗北感を味わったばかりだから、台湾らしい光景に気持ちが浮き立った。

「これこれ、僕が求めていたのはこれなのだ！」

心の中でガッツポーズ。自分にはこういうローカルな空間の方が似合っている。

写真を撮りながら屋台を一軒ずつ見て回っていると、一際長い行列ができている屋台を見つけた。鶏肉飯《ジーローファン》の店だった。晩ご飯は淡水で食べてきたはずなのに、食欲を刺激された。これほど長い列になっているのを目にすると、無視するわけにはいかない。僕は列の最後尾に並んだ。食べ物の誘惑にだけは逆らえないのである。

鶏肉飯の店が大盛況なのとは対照的に、すぐ隣にある麺線《ミエンシェン》の屋台は可哀想になるぐらいに誰も客がいなかった。どちらが人気なのかは一目瞭然だ。台湾の人たちは本当に分かりやすい。美味しい店ならば、どんなに並んででも食べようとする。

そういえば、今朝も豆乳の店で大行列を体験したなあ。一日に二回も食べ物のために並ぶなんて、普段の自分では考えられない。台湾にいると、辛抱強くなってくる。

鶏肉飯とは、蒸した鶏肉を載せた丼飯だ。台湾の屋台料理ではポピュラーなメニューで、夜市へ行くと高い確率で目にする。オーソドックスな料理なだけに、どこで味を差別化す

台湾の屋台では日本風の料理もしばしば見かける。なぜ札幌？

るのだろうかと興味が湧いた。

小が三十五元、大が六十五元。今晩二食目だし、控えめに小にしようと思ったのだが、店のおばちゃんに「大の方がいいわよ」と言われ大にしてしまった。大の方には付け合わせの野菜や煮卵が付いてくるらしい。

日本の親子丼のような、ごろっとした固まりの肉ではなく、細切りにされた鶏肉がご飯の上にたっぷり載っていた。これまた美味しい。飲んだ後のシメにも良さそうな一品だが、味付け自体はそれほど濃くはなく、さらっと味わえる。

屋台の前にはテーブルが置かれていたが、そこで食べていく人は少ない。みんなお持ち帰りにしてもらっているようだった。看板には「便當」という文字が躍っている。便當、すなわち弁当である。

鶏肉便當以外にも、「大腸便當」なんて名前のメニューもあった。字面を見るとドキッとさせられるが、大腸とは餅米のソーセージのような食べ物で、それを弁当にしたものだろう。この国の旅では、漢字から色々想像しているだけで楽しい。

鶏肉飯を食べるのに渡されたスプーンが使い捨てのプラスティック製なのを見て、僕はニヤリとした。台湾の夜市では、このペラペラなプラスプーンがよく使われている。これぞ台湾を思わせる、いわばキーアイテムのひとつだ。

夜市の仄《ほの》かな明かりに囲まれながらプラスプーンでご飯を掻き込んでいると、

「ああ、台湾にいるんだなあ」

という感慨が湧いてくる。至幸の瞬間である。


三日目の朝は、寒さで目が覚めた。十二月の台北は思いのほか気温が低い。にもかかわらず、宿泊しているホテルには暖房が入っていなかった。掛け布団に加えて、毛布まで掛けて寝たのだが、建物自体にあまり防寒能力がないのかもしれない。

「冬は別のホテルの方が良さそうだなあ……」

起床して早々にダウンジャケットを羽織りながら、僕は独りごちた。

常宿にしている中山駅近くのホテルは、立地条件の良さから気に入っていた。いつも空いていて予約は取れるし、何より料金が安い。時期によっても多少変動するが、一泊五千〜六千円程度だ。

台北は宿泊費の相場がアジアにしては飛び抜けて高く、ほかの国々のように選り取りみどりというわけにはいかない。コストパフォーマンスを重視すると、おのずと選択肢が狭まってくるのだが、格安ホテルだと冬期は寒さとの戦いになってしまう。

まだまだ眠りたいが、寒くて寝られる気がしなかった。まあ、いいか。起きてしまったからには、散歩にでも出かけよう。

早くも台北最終日なのである。今晩のフライトでもう日本へ帰らなければならない。早朝から活動を開始すれば、そのぶん少しでも長く滞在が楽しめるはずだ。旅行中は何事も前向きに考えた方が上手くいく。

とはいえ、とくにアテはない。とりあえず市場へ歩いて行ってみることにした。台湾は夜市ばかりでなく、朝市もおもしろいのだ。

向かったのは雙連《そうれん》朝市だった。MRT淡水線の雙連駅を出てすぐのところにあり、旅行者でも行きやすい。雙連駅は中山駅の隣駅であり、宿からは徒歩圏内。朝のお散歩にはちょうどいいコースだ。

三百メートルほどの通りに露店が並んでいる。アーケードではなく、屋外型の市場だ。売られているのは野菜や果物、肉、魚など生鮮食料品が中心で、単なる旅行者としては買えないのだけれど、見て歩くだけでも楽しい。

買い物カゴをぶら下げながら、真剣な表情で品定めをするおばちゃんたち。道幅は狭く、ほぼ歩行者天国状態ではあるが、原付で人波を掻き分けながら買い物をしている人もいる。

もちろん、スーパーのように値札は出ていない。いかにもアジアのマーケット。都会のど真ん中にありながらも、昔ながらの庶民の市場といった佇まい。

訪れた先でローカルの市場をチェックするのは、我が旅のお約束なのだが、とくに心惹かれるのはこういう食べ物中心の市場である。現地の人たちの食卓には普段どんな食材が並ぶのか。市場のラインナップを観察しながら、想像を膨らませていく。食いしん坊を自認する者としては、鉄板の観光先と言ってもいい。

考えたら、観光地らしい観光地には、今回まったく行っていないなあ。

いや、今回に限らないか。初めてこの街を訪れた頃と比べると、興味の対象がどんどんマイナーな方向へ向かっていることは自覚していた。故宮博物院にも、TAIPEI 101にもいまさら足が向かない。士林夜市のような超メジャースポットは言わずもがなだし、そういえば小籠包《ショーロンポー》で有名な鼎泰豐《ディンタイフォン》なども

変わりゆく都会に漂う昔ながらの情緒。市場へ来るとホッとする。

もう何年もご無沙汰している。

じゃあ、何しに来てるんだろう——自問自答してしまう。

何もしていないわけではない。今回は淡水まで行ってサイクリングを楽しんだし、美味しいものもたくさん食べ歩いた。自分としてはそんな滞在でも十分に満たされるのだが、一方で台北にいる限りは旅行先という感覚が薄れてきているのも確かだった。

「台北以外の街に行ってみようかな」

ふと、そんな思いつきが頭をよぎった。

そして次の瞬間には、思いつきにしては悪くないな、いやそれは名案かもしれないな、などと思考がめまぐるしく回転していった。

台湾の面積は日本の九州とほぼ同じぐらいで、決して狭い国ではない。見どころは台北に限らないし、台北だけ見て台湾を知った気になるのも烏滸《おこ》がましい気がする。

もちろん、台北以外の街にだって過去にしばしば訪れてはいる。けれど、広い台湾全体で見たらまだまだ一部であり、行ったことのない場所だらけだ。

自分でも驚くほど急速に現実味を帯びていく。久々に「週末台北」を敢行してみたことで、この国に改めて興味が湧いてきていた。自分の中で台湾ブームが再燃しそうな予感さえ抱く。思いつきは、やがて壮大なアイデアに結実していった。

「いっそのこと、台湾を一周してみようかな」
考えただけでワクワクした。

時間ぎりぎりまで台北を楽しみ、夜のフライトで日本へ帰国した。短いながらも充実した滞在になったなあと、手応えを覚える。体がいくぶん重たくなった実感もある。さらなるデブ化は免れなかったようだ。

旅の終わりにはいつも後ろ髪を引かれるが、今回はいつも以上に名残惜しさが募った。成田に着いたときには「またいつか行きたいな」ではなく、いますぐにでも台湾に舞い戻りたい衝動に駆られた。

師走の日本では慌ただしい日々が待っていた。旅を終えた感傷に浸る間もなく、時計の針はノンストップで進んでいく。年内に書き終えねばならない原稿と格闘し、忘年会で羽目を外し、クリスマスを祝った。

やがてめでたく新年を迎え、台北の旅から一ヶ月が経って――。

第一章　台中↓台南

（二）始まりはスイーツ男子の集い

雪でも降りそうな寒空の中、自宅を出て駅への道を急ぐ。風はつめたく、吐く息は白い。まだ夜も明け切らない早朝の商店街は静まりかえっており、旅行カバンのキャスターを転がすごろごろという音だけがやけに大きく鳴り響く。

新宿駅で成田エクスプレスに乗り換え、終点の成田空港駅で降りた。エスカレーターを上がって出発ロビーに出て、搭乗手続きを行う。

「台北から先の、お乗り継ぎはございますか？」

お決まりの質問をされ、僕は「ありません」と答えた。飛行機の目的地はまたしても台北である。ふたたび旅が始まろうとしていた。

「いっそのこと、台湾を一周してみようかな」

前回の旅で生まれたそんなアイデアを現実のものとするのだ。

思いつきを実行に移すなら早い方がいい。今日は一月二十三日である。あれからまだ一ヶ月ぐらいしか経っていない。

「お帰りは……二月一日ですね？」

重ねて問われ、首肯した。旅行日数はちょうど十日間になる。行き先が台湾にしてはかなり長い。いつもの週末台北とは違った旅になりそうな予感を覚えるのだった。

期間に余裕があると、つい欲張ってあちこち周遊したくなる。きっと落ち着きのない性格なのだろう。過去には同じ十日間で七ヶ国を巡る世界一周をしたこともある。ところが、今回は一ヶ国にどっぷり。これは自分としては非常に珍しいパターンだ。

ひとまず台北へ飛ぶが、そこから陸路で台湾をぐるっと回る。

台湾一周！　である。うーん、興奮してきた。

思えば、昔から「一周」という言葉の響きに弱かった。壮大なイメージが伴う気がするのだ。あくまでもイメージにすぎないのだが、僕にとっては憧れの対象なのだ。結果的に、これまで三度も世界一周している。

「なぜ世界一周しようと思ったのですか？」

メディアの取材などで同じ質問をよく受けるのだが、正直とっても困る。別に理由なんて何もないからだ。僕はいつも言い淀み、

「なんだか、すごそうだし……」

口に出すのも恥ずかしい幼稚な回答に終始してしまう。

強いていえば、「勢い」と答えることはできるだろうか。目的地を単純往復するだけの旅

と比べると、「一周」の方がよりダイナミズムが感じられそうな気がする。ゴールを目指して点と点を結んでいく。リアルRPGのような感覚。所詮は自己満足だとは自覚するものの、僕は「一周」にこだわることに意味を見出す。

というわけで、成田空港である。第一ターミナルということはLCCではない。先月の旅ではバニラエアだったが、今回はエバー航空の便を予約していた。一月は閑散期だからか、チケットがかなり安く、LCCを選ぶ利点は薄かった。

実は先月の帰国時のフライトで一悶着あって、LCCは避けたくなったのが真相だったりもする。飛行機が遅延したのだ。それも二時間近い大きな遅延だった。バニラエアの復路便は夕方六時頃に台北を出発し、夜十時に成田へ到着する。出発が大幅に遅れたことで、成田へ着いたときにはもう終電もないという有様だった。

こういうとき、通常の航空会社なら成田市内のホテルを用意してくれたりもするが、LCCではそういう手厚いサービスは期待できない。目的地に着いたら、キホン知らん顔。成田空港の到着ロビーは途方に暮れる帰宅難民であふれかえった。

安いのにはワケがある。リスクを織り込んだうえで、割り切って活用するならいいのだろうが、価格相応であることは確かなのだ。一度でも自分がトラブルの当事者になると、以後は避けたくなるのが正直なところだった。

そんなわけで今回はエバー航空なのである。

エバー航空といえば、思い浮かぶのが通称「ハローキティジェット」だ。サンリオとコラボし、お馴染みのキャラクターが外観に描かれた機体は駐機場で何度か目にしたことがある。機内食のカトラリーなどにもキティちゃんがあしらわれ、機内限定のグッズなども充実しているという。桃園《とうえん》空港の第二ターミナルには、専用のメルヘンチックなチェックインカウンターまで用意されているほどの力の入れようだ。

そういえば少し前に、多摩市にある「サンリオピューロランド」のハロウィンパーティへ遊びに行ったのだった。テーマパークを夜間に特別開放し、一晩限りのダンスフロアがつくられる。ファンタジー世界に迷い込んで

桃園国際空港内で異彩を放つ専用カウンター。一度利用してみたい。

しまったような空間の中で、みんなで仮装して踊るDJイベント。めちゃくちゃ楽しかった。

キティちゃんは日本だけでなく、世界中で人気のグローバルスターだ。パーティでは外国人の姿もたくさん見かけた。ピューロランドは外国人が行きたい日本の名所ランキングなどで上位の常連だという。旅をしていると、意外なものが日本と海外を繫げているのだと知らしめられるのである。

せっかくなので、噂のハローキティジェットを体験してみたかったが、あいにく普通の飛行機だった。すべての便が特別仕様ではないらしい。機材はA321－200という中型機。外観は普通だし、座席周りにもキティちゃんの片鱗はまったく見られない。ううむ、なんだか悔しい。

機内はほぼ満席のようだった。金曜だから、台北で週末を過ごす目的の旅行者も多いに違いない。今日一日だけ休めば、土日と合わせて二泊三日の旅が実現できる。まさに週末海外向けの便なのだ。普段なら彼らに仲間意識を抱くところだが、今回は自分だけ長い旅に出るわけで、恐縮してしまう。優越感よりも、裏切り者になったようなバツの悪さを覚えるのだった。

朝の便だと毎回そうだが、搭乗して座席についた途端に睡魔に襲われる。今朝は五時半起きだった。成田空港は駐機場から滑走路までが異様に離れていて、地上走行する機内の中で離陸する前にストンと眠りに落ちてしまうのもしばしばである。

うとうとうと……いつの間にか眠ってしまった。

フッと気がついたときには飛び立った後だった。目が覚めるのと同時に、いい香りが鼻孔をついた。あれ、香水の匂い？

なんだろうかと隣を見て、ギョッとした。キャビンアテンダントのお姉さんがいたのだ。しかも、なんとこちらを向いて座っているではないか！

この飛行機はレイアウトが少しユニークだった。シートは両サイドに三席ずつなのだが、僕は非常口座席のひとつ前の列に座っていて、ここだけ二席になっていた。通路側から二席で、つまり窓側に該当する位置には座席がなく空きスペースとなっていた。

「窓側のお座席をご用意しますね」

チェックインの際にはそう告げられていたのだが、実際には窓側席のその空きスペースを挟んだ真ん中の座席だった。

てっきり空きスペースだとばかり思っていたその場所に、乗客とは逆向きの形でキャビンアテンダントのお姉さんが座っていたのだ。離陸前に寝てしまったので、いまになってようやく初めて気がついたわけだ。すぐ隣なので、必然的にお姉さんとは向き合う形になる。お互いの表情が丸見えの至近距離である。

この状況の中で、僕はアホ面を晒《さら》して眠りこけていたわけだ。お姉さんと目が合った。ちょっぴり、いや、かなり恥ずかしい。

さらに厄介なことに、お姉さんはとんでもなく美人だった。キャビンアテンダントには綺麗な人も珍しくないが、特筆したくなるほどの美人。モデルさんと見紛うほどである。僕も男なのでうれしくないと言ったら嘘になるが、シチュエーションとしてはむしろとにかく気まずい。動揺を悟られないように平静を装うのがやっとだった。すっかり目が覚めてしまい、二度寝する気にならなかった。

寝ているときに、涎《よだれ》を垂らしていなかっただろうか——。

急に心配になってきた。それとなく首元に手を当てようと思ったが、仮に涎の跡が付いていたとしたら、慌てて確認しようとしたことがバレるからさらに恥ずかしい。穴があったら入りたいとはこのことだ。


飛行機は定刻通り、台北の桃園国際空港に到着した。

この空港は先月も利用したばかりだ。また来ることができた喜びと共に、「また来ちゃった……」という若干の気恥ずかしさも募る。

イミグレーションは混雑していた。旗を持った添乗員さんが、声を上げて誘導している。

大陸から来たと思しき、中国人の団体ツアー客だ。ざっと見たところ、百人近くはいるのではないだろうか。チッと舌打ちしたくなる光景だが、あきらめて大人しく並ぶしかない。

とはいえ、入国審査のカウンター数が多く、列の回転は速い。どこかの国のように苛々させられることがないのは、さすがは台湾である。

荷物をピックアップし、外へ出ると、ロビーは出迎えに訪れている人たちでごった返していた。キョロキョロ見回す。この中に知った顔がいるはずなのだが……。

実は友人と待ち合わせをしていた。現地で合流し、途中まで一緒に旅をしようという心積もりなのだ。一人旅は、ひとまずお預けである。

友人はこの日の別の便で先に到着しているはずだった。出迎えに来てくれると言っていたが、どこにもいない。むむむ、何かあったのだろうか。

スマホを空港のフリーＷｉ－Ｆｉに繋ぎ、ネットでメッセージをチェックしてみると――

おっ、届いていた。

「設備再点検で引き返すことになりました。到着が遅れそうです。何時間遅れるか現段階では分からないため、もし時間がかかるようなら、先に台中に向かってて下さい。また後ほど、ご連絡します」

えええっ、マジか。引き返すって、離陸してから成田に戻ったのだろうか。

今日はこのまま台中へ移動する予定だった。先に行くのはいいけれど……。

よく見ると、メッセージはもう一通届いていた。

「点検が終わってこれから飛ぶそうです。トモさんの便の三十分遅れぐらいの到着になりそうです」

おおっ、そうなのか。それぐらいなら待った方が良さそうだ。

フライトボードを確認すると、友人の便が確かに三十分遅れで到着することになっていた。この隙に細々とした雑用を済ませておくことにする。

まずはATMで台湾のお金を引き出す。前回の旅で余った紙幣がいくらかあるが、今回の旅は長い。少し多めに五千元を下ろした。

次に向かうは携帯電話会社のカウンターだ。これも前回使ったSIMカードが残っているが、期限が切れており、再チャージしなければならない。

第二ターミナルの場合、到着ロビーに出て左方向に進むと、携帯電話会社のカウンターが並んでいる。僕のSIMは台湾大哥大《だいかだい》という会社のもので、そのカウンターもここにあった。

さっそく訊いてみる。すると、思いもよらない答えが返ってきた。

「ここでは3GのSIMしか扱っていないんです」

えええっ、そんな……。

　IT先進国である台湾では、すでに4Gのサービスが提供されている。僕が持っている台湾のSIMも、もちろん4G対応のものである。

「街中の支店なら4Gも取り扱っているのですが……」

　スタッフの女性が申し訳なさそうに言った。思わぬ落とし穴である。

　かくなるうえはほかの会社に乗り換えようと、すぐ隣の中華電信のカウンターで訊いてみる。ところが、ここも3Gしかないという。が～ん。

　ネットに繋ぐだけなら3Gでも事足りるが、4Gと比べると通信速度がグッと遅くなってしまう。これが4Gのサービスが提供されていない国であれば、あきらめはつくのだが、台湾である。4Gが存在するのに、あえて3Gを選ぶ意味はない。

　仕方ないのでひとまず保留とする。ネット中毒者としてはオフラインでいる状態は不安だが、台中に着くまでの辛抱だ。

　売店をなんとなく覗いてみると、お気に入りのコーヒー系飲料を見つけたのでひとつ購入した。円形の筒のような、ユニークな形状をしたボトル。ラベルには「純萃。喝」と大きく書かれているので、これが恐らく商品名なのだと思う。ミルクたっぷりで濃厚な味わいにハマってしまい、僕は台湾へ来る度にこれを飲みまくっている。

　そろそろかなと頃合いを見計らい、到着ロビーへ戻った。

フライトボードを見る——表示が「Arrived」に変わっていた。良かった。無事到着したようだ。

世界中どこにいても携帯でリアルタイムに連絡が取り合える時代とはいえ、外国で誰かと待ち合わせをするのはドキドキする。いつもの飲み会とは違った特別感。

そもそも、今回なぜ一緒に旅することになったのか。

話の発端はひと月前に遡る。

我が家では毎年、「旅人忘年会」と称して年の瀬に少しだけ規模の大きな飲み会を催す。恒例行事である。内容は毎年ほぼ固定化しており、福知山から取り寄せた鴨肉の鍋を囲み、藤沢の市場でその日仕入れてきた刺身をつまみつつ酒を飲む。たくさん飲む。それこそ、

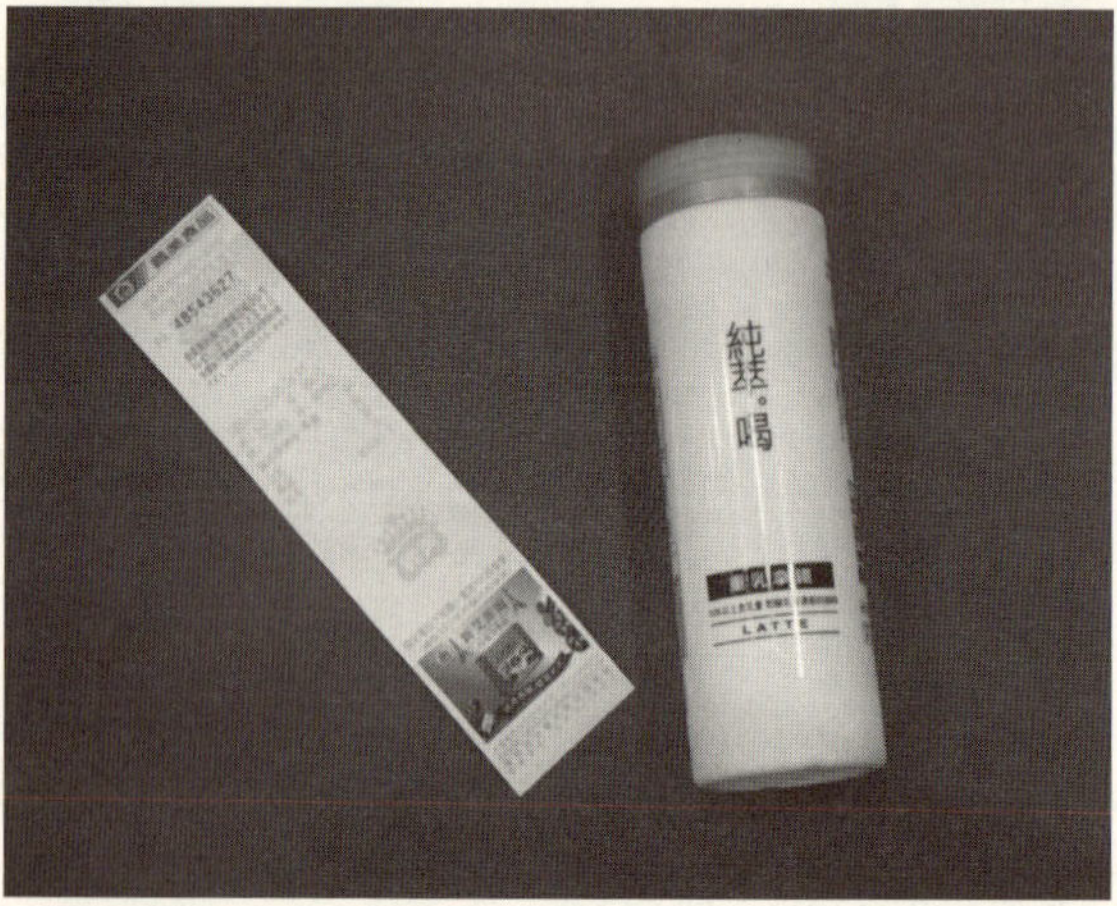

お気に入りのコーヒー系飲料。細長いレシートも台湾のお約束だ。

一年で一番と言ってもいいぐらいぐびぐび飲む。

　集まるのはいつもの愉快な旅仲間たちだ。変な人たちの集いである。忘年会ということで、お互いのその年の旅を披露し合いながら一年を振り返ろうという、まあなんというか、気楽な会だ。気楽すぎて、どんどん酒が進む。ピッチはどんどん速くなり、挙げ句の果てには記憶を失うところまでが恒例行事である。

　それで昨年は、ちょうど僕が台北から帰ってきた直後にその会が開かれたのだ。すっかり酩酊し、気が大きくなっていたのだろう。にわかに台湾ブームが到来していた僕は、台湾がいかに素晴らしいところなのか長広舌を振るった。

　そうして、来月も行くのだ！　来たい人がいたら合流すべし！　と勢いよく号令を発した……らしい。実は自分でもあまり覚えていないのだ。

「台湾行きの飛行機、予約を入れました〜」

　数日後に友人からそんな連絡が来たときには、ひっくり返りそうになった。なんと、本当に台湾まで来るというのだ。

　酒の席では、話が盛り上がって、「じゃあ一緒にどこそこへ行こう」などと戯《ざ》れ言を言いがちだが、普通はその場限りで終わることも多いだろう。時間を持て余していた学生時代とは違い、大人は忙しい。家庭や職場のしがらみもある。

けれど、彼らの行動力を舐めてはいけない。冗談では済まされないのだ。ちょっと渋谷にでも出かけようといった感じの軽いノリで、外国までやってきてくれる。いやはや貴重な友人を持った。奇特な友人と言い換えてもいい。

そんなわけで、僕は桃園空港で約束していたのだ。

その友人のことを僕はフジフミさんと呼んでいる。最近は年に何回か、こうして現地合流という形で一緒に旅している。彼は東京で会社勤めをしており、今回は金曜だけ有休を取っての週末海外だ。金土日の三日間、我が旅に同行してくれることになった。

続々と出てくる到着客の人波の中に、彼の姿を見つけた。

「お待たせしました〜」

やや憮然とした表情。それも仕方ないか。飛行機は成田空港の滑走路まで行ったところで、なぜか急に引き返したらしい。

「もしかして、ナッツリターン？」

冗談交じりに、旬のネタを振ってみる。大韓航空機がニューヨークで離陸直前に引き返した例の事件はまだ記憶に新しい。もちろん、今回はナッツリターンではなかった。フジフミさんが言うには、こんな説明が流れたのだそうだ。

「当機はただいま給油を行っております。シートベルトを外し、座席に座ってお待ち下さい」

離陸する直前になって燃料不足に気づくなんてことが起こり得るのだろうか。しかも、その説明とは別に機長から英語でのアナウンスがあって、「テクニカルエラー」みたいなことを言ったらしい。話の食い違いも不信感に拍車をかける。

「シートベルトを外せ、という指示が怖かったですよ。那覇の事故を思い出しました。駐機場で燃えちゃったやつです。生きた心地がしなかったなあ……」

彼が乗ってきたチャイナエアラインは、那覇空港で着陸直後に炎上するという大事故を起こしたことがある。給油がどうこう言われたら、確かにあの一件が脳裏をよぎるのも無理はない。結局、何事もなかったかのように、三十分の遅れで出発したのだという。事の真相は不明のままである。

ともあれ、無事再会できたことを祝し、まずは自撮り棒を使って記念写真をパシャリ。一脚のような伸縮する棒の先にスマホを取り付け、自撮り、すなわち自分撮りができるこのツールを僕も愛用している。今回の旅でも積極的に活用していきたい。

いい歳したオッサン二人が自撮りする光景は、傍から見たら滑稽かもしれない。だが、いいのだ。旅の恥はかき捨て、である。

最初の目的地、台中までは新幹線で移動するつもりでいた。松山空港ではなく、あえて桃園空港から入ったのはそのためだ。

台北には空港が二つあって、市内に近い松山空港の方が利便性が高い。けれど、到着した足でそのまま新幹線に乗るとなると、状況は変わってくる。空港から近い桃園駅に新幹線が発着するからだ。位置関係が分かりにくいので整理してみる。

【台北→板橋→桃園→新竹→台中】

新幹線の台中までの停車駅と、停車する順番である。一度台北へ出て台北駅から乗ると、遠回りになってしまうわけだ。

なんて偉そうに書いたものの、具体的な旅プランを考えてあるのは最初の数日だけだ。それも、同行者がいたからこそ決めたようなところがある。いつもそうなのだが、いざ旅が始まってみるまでは、旅をするという当事者意識が薄い。

「まあ、なんとかなるでしょう」

根拠はないけれど、つい楽観視してしまうタイプである。

「台湾を一周するのだ！」などと鼻息こそ荒いが、どこをどう回るのか、どうやって移動するのか、などは正直何も考えていないのだ。

台中は地図で見ると、南北に長い楕円のような形をした台湾の、西側の真ん中あたりに位置する。ゆえに、最初に台中へ行くということは、この国を一周するなら西回りのルートになりそうではある。「なりそう」というのも無責任かもしれないが、この期に及んでなお、自分でもまだ実感が湧いていないのだった。

要するに、ほぼノープラン。テキトーだなあ……と突っ込まれても反論できない。

とりあえず最初の街まで移動することで、自ずと旅は動き始めたりする。僕たちはさっさと台中へ行くことにした。

桃園駅までは空港から直行するバスが出ている。片道三十元と格安だった。いわゆる路線バスのような感じで、荷物を積む特定のスペースは用意されていない。通路を塞ぐようにして、客のスーツケースが無造作に置かれていた。後方には空席も見えるが、そこまで辿り着くにはこの荷物の固まりを突破しなければならない。

「すぐ着くだろうし、立っていこうか」

あきらめて、僕たちはつり革に摑まったのだが――。

車掌さんが飛んできて、僕たちに後ろへ行けと促した。

「でも、この荷物をどかさないと……」

戸惑っていると、車掌さんが強引にスーツケースの山をずらし、わずかながら通れるスペースをつくってくれた。なんだかここに立っていてはいけない雰囲気だ。

その理由は、出発して間もなく判明した。バスは空港を出た後、高速道路に入ったのだ。なるほど、高速を走るから着席しないとまずいのだろう。

といっても、五分も走るとまた一般道へ戻った。ショートカットというわけだ。

桃園駅まではアッという間の距離である。大きな空港だとターミナル間が離れていてシャトルバスで移動することがあるが、あの感覚に近い。桃園駅は駅舎が近代的なせいもあり、空港内の別のターミナルへ到着したような気分になった。

切符は自動券売機でも買えるが、空いていたので窓口へ向かう。

「台中まで二名分、お願いします」

フジフミさんが英語で伝えると、

バス車内はご覧の通り。スーツケースが通路を完全に塞いでいる。

「指定席と自由席どちらにしますか？」

窓口の女性はなんと日本語で返してきた。それも片言ではなく、滑らかな日本語で驚いた。予期せぬ展開に狼狽《うろた》えながらも、日本語に切り替えて訊いてみる。

「値段はどれぐらい違うんですか？」

「指定席が五百九十元、自由席だと五百七十元です」

ふむふむ。その差はたった二十元か。日本の新幹線も、指定席にしたとしても大して料金差はない。こんなところまで、日本と似通っている。

台湾版新幹線は、「台湾高鐵《こうてつ》」と呼ばれ、日本の技術を導入してつくられたものだ。過去にも何度か乗ったことがあるが、日本の新幹線と酷似していて、日本人としてはなんだか不思議な気持ちになる。

高鐵はおおよそ二十分に一本ぐらいのペースで走っている。ホームに降りるとすぐに列車がやってきた。乗車口のところに綺麗に列になって並んでいる。さすがは台湾である。この国には平気で割り込みするような人はいない。

乗り込んで、自分たちの座席に落ち着くと、見慣れた光景にハッとさせられた。通路を挟んで左側が二席、右側が三席というレイアウトは、普段利用している東海道新幹線とまったく同じである。

シートのデザインや、色調などもどことなく日本のものを彷彿させる。シートポケットには車内誌まで挟み込まれていた。これはさすがに台湾の繁体字だが、もし日本語の冊子が入っていたなら、自分が日本にいるような錯覚に陥りそうだ。

「あそこのニュースが流れるところも一緒ですね」フジフミさんが指差す。

客室入口のドアの上には、電光パネルが備え付けられていて、日本の新幹線同様にニュースなどが流れていた。ボーッと眺めていると、台湾各地の気温に変わった。台中は何度だろう――注目してみる。十九〜二十二度と表示された。

良かった。案外あたたかそうだ。

そういえば、先月台北で思わぬ寒さに打ちのめされたのを思い出し、フジフミさんにそのときの話を披露する。すると、意外な真実が明らかになった。

「寒いんだろうなあと思って、ホテルは暖房付きのところを予約しておきました。クチコミを見ると、暖房がなくて寒かったみたいな書き込みが結構出ていたので、そういうホテルは今回パスしたんですよ」

これから泊まるホテルの話である。一緒に行動する最初の二日間だけではあるが、実は泊まる場所の選定から予約までの一切合切を彼に一任していた。いつもはすべて自分で決めるので、人まかせなのは珍しいパターンだ。

「泊まるところはどうしましょうか？　良かったら僕が手配しておきますが」

出発の前は慌ただしかったから、彼のそんなうれしい申し出に甘えることにしたのである。細かい希望条件や注意点などはとくに何も言っていないのだが、彼なりに色々調べてくれたのだろう。さすがは旅慣れているというか、目の付けどころが違う。

台湾と聞くと南国のイメージが強い。暖房付きかどうかなんて、普通なら見逃しがちな点だろう。思わぬ落とし穴のひとつなのだ。うーん、グッジョブすぎる。

とにかく、あとは黙ってついていけばいいわけだ。楽ちんすぎて申し訳なくなる。

つい最近読んでいた某著名小説家の紀行エッセイを思い出した。国内外を旅した体験記なのだが、これがなんというか、ヒジョーにうらやましい旅なのだ。

手配はすべて編集者まかせで、現地には通訳兼ガイドが待っている。本人は案内されるがままついていくだけ。宿泊は高級ホテルで、食事するレストランも一流店で、旅行費用は当然のようにすべて出版社持ち、といった具合。

まさに至れり尽くせりの大名旅行。小説家なので文章は巧みだし、本音混じりの飾らない内容はお世辞抜きにおもしろかったが、あまりにも自分の旅とは違いすぎて、僕は読んでいて途方に暮れそうになった。

「自力で旅する俺カッケー」などと言いたいわけではない。とんでもない。むしろ、逆である。自分もたまにはそういう旅をしてみたいなあ、と憧れているのだ。好きこのんで泥臭い旅ばかりしているわけではない。要するに僻みである。

ちょうどそんなことを考えたばかりだったから、フジフミさんが敏腕添乗員のような存在に思えてきたのだった。頼れる旅の相棒が登場！ というわけだ。

新幹線は桃園駅を出ると、台湾のITシティで知られる新竹にまず停まり、その次がもう目的地の台中となる。乗車区間はわずか二駅。旅の記念に車内販売の弁当でもつまみたいところだが、そんな暇はまったくない。

雑談していたら、列車が間もなく台中に到着します、みたいなアナウンスが流れた。そのアナウンスの音声や英語のフレーズまでもが日本の新幹線と同じだった。

台中駅で列車を降り、僕たちが向かった先は出口ではなかった。目指すはホームの最後端。写真を撮るためである。発車を告げるベルが鳴り響く音に急かされるようにして、ズンズン早歩きで向かう。先客は誰もいなかった。物好きなのは僕たちだけのようだ。

ホームの縁ぎりぎりのところからパシャッ。しゃがみ込んで下からあおるようにしてパシャッ。横位置だけでなく、同じカットを縦位置でもパシャッと撮る。さらには、いよいよ列車が発車し遠ざかっていくところを望遠で狙う。

流線形のボディに、白と橙色でカラーリングされた台湾版新幹線はなかなか絵になる。僕につられたのか、フジフミさんも隣でパシャパシャ撮っていた。これぞ撮り鉄根性を発揮すべき瞬間。アドレナリンが出た。

鉄道旅では、乗車した車両に対する愛着が自然と強まる。しかも海外となると、なおさらだ。写真好きとしては格好の被写体である。

ホームから階下へ降りると、改札口のそばに高鐵グッズの自販機を見つけた。キーホルダーやマグネットなどなど。乗車記念に買っていきたくなる気持ちには共感できる。旅も始まったばかりなので、荷物が増えるからひとまず撮った写真で我慢。短期旅行だったら興奮して買いまくってしまったかもしれないなあ。

日本の700系をベースにした台湾版新幹線。700T系と「T」が付く。

ここは初めて降りたが、ずいぶんと巨大な駅である。天井がやけに高く、吹き抜けのような構造になっていて、まるで空港のような開放感がある。

「さて、どうしましょうか」

高鐵台中駅は、在来線の台中駅からは少し離れたところに位置する。これも、日本の新幹線が新横浜駅や新大阪駅に停まるのと似ている。

台中市内までは、タクシーを利用するか、もしくは在来線に乗り換えていったん台中駅へ出る方法が考えられた。

「タクシーが早そうだけれど、最初から楽するのもねえ……」

「ですよねえ。ここはやっぱり電車で行きましょう」

こういうとき、発想がスマートな方向にはならないのが自分らしい。若い頃のバックパッカーのノリが染みついている。やはり大名旅行は向いてなさそうだ。

高鐵台中駅には、新烏日《シンウーリー》駅という在来線の駅が繋がっている。渡り廊下を歩いて改札から改札まで移動し、乗り換えられるのは便利だ。

途中の通路には鉄道をテーマにした子ども向けの遊具や、鉄道模型の店などがやたらと目についた。妙に「鉄道推し」な駅で、にわか鉄道ファンの一人としては満更ではない。スタンプラリーをやっていたので、記念にポンッとスタンプを押しておいた。ミーハーな旅行者丸出し。でも、こういうのは楽しんだ者勝ちだ。

すぐ隣どうしなのに、二つの駅は雰囲気がガラリと異なると感じた。新烏日駅へ来ると、新幹線駅の洗練されたハイテクな建物が、鄙《ひな》びた空間に変わったのだ。しかも閑散としており、僕たちのほかには数えるばかりしか人がいない。

「みんなタクシーで移動してるのかなあ」

などと話しながら、在来線の切符を買う。日本の切符とそっくりな形をした紙の切符だった。改札は自動改札なのだが、切符を通す機械も日本のものとまったく同じだった。機械に貼られている「小心車門」というシールも、言葉こそ異なるがデザインは日本を彷彿させる。改札機の開閉に注意、という意味だろうか。

台鉄の台中駅まで十五元だった。台北市内のMRTの初乗り料金よりも安い。

ところが、やってきた列車は料金からは想像できないほどしっかりしたものだった。日本でローカル線の各駅停車というと、窓側を背もたれにして長椅子が置かれているイメージだが、一人ずつ独立した座席が進行方向を向く形で並んでいる。乗車口は車両の両サイドで、通路スペースを通ってドアを抜けると客室に入る。特急列車と言われても疑わないレベルの車両だ。

駅同様、車内も客はまばらで、二人並びの席を一人で占有できるほどだった。足を伸ばして寛ぎながら、車窓に眼を凝らしているうちにあっという間に到着した。乗車時間は約十分。近すぎて拍子抜けしてしまった。

在来線の台鉄台中駅は、地方都市らしい落ち着きを感じさせる駅だった。古めかしいつくりの駅舎はとてもフォトジェニックで、撮り鉄ならずともカメラを向けたくなりそうな美観。この駅舎は日本統治時代につくられたものだという。なるほど、なるほど。どうりで懐かしさを覚えるはずである。

到着して改札を出るところで一悶着あった。なぜか駅員さんにフジフミさんが呼び止められたのだ。

「切符を見せたら、何か言われました。あの列車、もしかしたら急行だったのかも。妙に豪華でしたし」

料金の割には立派すぎるような……という先の疑問は当たっていたらしい。急行列車が到着して、降りてきた客が十五元の切符を持って出ようとしたから怪しまれた。恐らく、そういうことなのだろう。知らなかったとはいえ、結果的にズルをしてしまった形になる。ごめんなさい。

ホテルは街一番の繁華街近くで押さえていた。ところが、駅から繁華街までは結構距離があって、とても歩いては行けなそうだった。ターミナル駅と繁華街が離れているのも、日本の地方都市に似ている。駅前もそれなりに栄えてはいるものの、立地としては街外れに位置するわけだ。

駅を出てすぐのところにバス停を見つけた。

「八十三、八十六、百六番が近くまで行くみたいです」

フジフミさんがあらかじめ調べてくれていた番号のバス停を探す。さすがは頼りになる添乗員。ところが、なぜかそれら三つの番号はどこのバス停にも表示されていなかった。駅前のロータリーにはひっきりなしにバスがやってくるが、お目当ての番号はどういうわけか見当たらない。

かくなるうえはタクシーしかないか——とあきらめかけたときだった。

斜め前方の交差点を八十三番のバスが曲がっていくのが目に入った。ロータリーへは入ってこずに、通りを周回しているのだろうか。そのバスには間に合わなかったが、通りまで出て次のバスを待つことにした。

路上に出ていた屋台に、見慣れた食べ物が売られていた。大判焼きの屋台である。バスはすぐには来そうにないので、ひとつ買って頬張ってみる。

実は僕はこの手の粉モノ系焼き菓子が大好物なのだ。大判焼きやら、鯛焼きやら。普段、東京にいるときは意識して店を探して食べ歩いている。密かなライフワークのひとつなのだ。

だからこそつい比較の目で接してしまうのだが、台中のその大判焼きはあんこの量が尋常ではなかった。鉄板からあふれんばかりのあんこ。特盛り、いやここまでくると鬼盛りとでも呼びたくなる。出来上がったものは、皮からあんこがはみ出ているほどで、薄皮どころか皮はほとんどおまけのような存在だ。

なんだか得した気分になった。こんなに豪華な大判焼きは東京ではお目にかかったことがない。それでいて、お値段はひとつ十五元と格安でうれしくなる。

「アリガト～」

店のおばちゃんにお代を支払うと、日本語でお礼を言われた。こんなところでも日本語が通じる。台湾の旅は本当に気楽だなあ。

そうこうしているうちにバスがやってきた。台北で使っていたイージーカードにここも対応しているらしく、ピッとかざして乗車する。

バスの運転は荒かった。市街地とは思えないスピードでぐおんぐおんかっ飛ばしていく。荷物があるから、邪魔にならないよう通路の隅で立っていたのだが、あまりにも揺れが激しくて立っていられない。避難するようにして、空いている座席に腰掛ける。

「しっかり見ていないと、降りるバス停を逃しそうだね」

フジフミさんと冗談半分で言い合ったが、まさかの懸念通りの展開が待ち受けていた。バスは僕たちが降りるはずのバス停を通り越してしまったのだ。

ちゃんとブザーを押してアピールしたつもりなのだが、押したのが遅かったのか、運転手が気がついてくれなかったのか……。走る速度があまりに速すぎて、車窓の景色から居場所を把握していないと即座には対応できない。気がついたときにはもう通り過ぎてしまう。土地勘のない二人には少々ハードルが高いのであった。

「やはりネットが繋がらないと不便ですねえ」

スマホがオンライン状態ならば、地図アプリで現在地を把握できる。空港では4G非対応と言われたため、SIMカードの入手を後回しにしていたツケがここでやってきたわけ

台鉄台中駅の駅前。地方都市へやってきたのだなあと実感する。

だ。ネットに繋がらなくなると、途端に非力になってしまう。

とはいえ、ひとつ前のバス停まではさほど距離はなく、徒歩で戻るのも大変ではなかった。そんなこんなで、ようやくホテルに到着。ホッと一息である。すでに日はほとんど落ちかけていた。ずいぶんと遠回りしたような気がしてくる。

思えば、今日は東京の自宅を出てからここまで、乗り換えに次ぐ乗り換えを重ねてきた。台湾に降り立ってからも、空港からバスに乗り、新幹線に乗り、ローカル線に乗って、さらにバスに乗り、最後は徒歩と遠い道のりだった。幸い大きなトラブルはないし、ストレスとも無縁だったが、辿り着いた喜びはひとしおだ。

祝杯を上げるべく、部屋に荷物を置いたら即行で外へ繰り出す。

大判焼きでひとまずお腹が落ち着いたので、本格的な食事の前にまずはＳＩＭカードを探すことにした。何はともあれネットである。依存度はますます高まり、もはやネットの繋がらない場所を旅できるのか不安になってくるほどだ。

最初に入ったのは、「ＳＯＮＹ」の看板を掲げる店だった。ショーウインドウにはスマホの最新機種が陳列されており、ここならあるかも？　と思ったのだが、あいにく端末販売のみでＳＩＭカードは置いていないという。

「どこなら買えますか？」

店員さんに訊いてみると、なんと斜向かいの店にあるとのこと。ところが教えられた二軒目の店では、3Gのものしか扱っていなかった。

なお、ここまでの会話は、ほぼジェスチャーと筆談である。SIMを買うぐらいなら、言葉が通じずともまったく問題ない。

「4G SIM Card Prepaid」とスマホのメモアプリに入力して画面を見せた。店員さんは「4G」の箇所を指差して首を振り、「サンジー」と言った。中国語でも「3」は「サン」だ。要するに3Gしかないということなのだろう。「Prepaid」の英語の意味が最初通じなかったようで、店員さんが自分のスマホの翻訳アプリのような機能で調べていたのが印象に残った。

そうして三軒目に入ったのが、携帯キャリア「台湾大哥大」の店だった。さすがは直営店だけあって、お目当ての4G対応カードがあるという。店のお姉さんは英語が話せ、しかも動きがキビキビしていた。見るからに仕事のできるお姉さんにすべてを一任すると、ささっと手続きが終わり無事ネットに繋がったのであった。

料金は2・2ギガバイトの通信容量で五百元。僕はカード自体は先月来たときに入手したものを持っていて、その場合は同じ容量が三百元でいいという。二百元の差額は大きい。S

IMカードは一度の旅行で使い捨てしがちだが、同じ国へ行くのなら再利用すると安く上がる可能性がある。

そういえば、先月このSIMカードを手に入れた際にこんなエピソードがあった。場所は台北の林新北路沿いにある、同じく台湾大哥大の直営店だ。

料金説明などを受け、いざ申し込む段になってパスポートをホテルに置いてきたことに僕は気がついた。台湾で外国人がSIMカードを購入する際には、パスポートの提示が必須だ。仕方ないのでいったん部屋に取りに戻り、ふたたび店へやってくると先ほどとは違う店員さんが応対してくれた。僕はここで不安に駆られたのだ。

——さっきの店員さんと違う料金を言われたりして。

金額は記憶しているが、メモなどに記録を残しておけば良かった。

海外で購入するSIMカードの料金は結構不透明だったりする。国によっては明らかに言い値というケースも普通で、店やスタッフによって金額がまちまちでも驚かない。先進国はともかく、僕がよく行くアジアでは明朗会計な方が珍しいほどだ。

ところが、さすがは台湾。担当者は変わっても、料金は同じだったというのが話のオチである。些細なことながら、僕は感心させられたのだ。

我ながらなんて疑い深いのだろうと悲しくなってくる。旅をしていると、変なところで警戒心が強くなる。

台中のその直営店には、4Gのエリアマップが壁に貼られていた。それを見た限りでは、かなりの部分をカバーしているようだ。本土だけでなく、金門島《きんもんとう》など離島もすでに4G対応らしい。これなら、この後の一周旅行でも頼りになりそうだ。

そう、この旅はいちおう台湾一周という、ほんの少しだけ大きな目標を掲げているのだった。そして今日はその記念すべき初日である。

「何を食べましょうか？」

晩ご飯の作戦会議をする中で、小籠包が候補に挙がったのはまさに初日ゆえのことだった。最も台湾らしい料理であり、実にミーハーなチョイスだと自覚する。

でも、いいではないか。ミーハーで結構。初日の晩餐は王道で攻めてみて、気分を盛り上げる。我が旅の必勝パターンの一つだ。

台中市内にも有名な小籠包の店があるらしく、少し遠そうなのでタクシーに乗っていくことにした。大通りに出てタクシーが来るのを待つ。すると、突然バイクが僕たちの前で停まった。若い女性だ。なんだろうか……と訝っていると女性は言った。

「どこへ行くんですか？」

なるほど、フジフミさんが手にガイドブックを持っていたからだろう。僕たちが迷っているのだと考え、親切心を発揮して声をかけてくれたわけだ。

「大丈夫です。タクシーを待っているので」

ありがとうと女性にお礼を伝える。

そうだった。台湾はこういう国なのだ。困っていそうな人を見かけたら放っておけない国民性。この国の人たちはビックリするぐらい親切なのだ。

これが台湾ではなかったら、警戒信号が灯るケースである。外国人と見て、下心を持って接してくる輩は世界中にごまんといる。とくに向こうから声をかけられた場合には、疑ってかかるのが常識だが、台湾に限って言えばそれは非常識となる。

東日本大震災の際に、世界中から多額の義捐金が寄せられたが、中でも台湾が最も額が多かった事実は忘れてはならない。その総額はなんと二百億円を超えるというから、日本人としては頭が下がる思いだ。

台湾のことをよく知らない人からしたら、「なんでそんなに？」と疑問を抱くかもしれないが、この国を旅するとなんとなく腑に落ちる。ただ単に親日的という言葉だけでは片付けられない。台湾の人たちには善意の心が満ちているのだ。旅していて感じる抜群の居心地の良さの秘密も、きっとその辺りにあるのだろうと思う。

やってきたのは「沁園春餐廳」というレストラン。見つけるのに少し迷ってしまった。看板の文字が横書きなのだが、「春園沁」となっていたせいだ。左右逆に読まなければならなかったのだ。ガイドブックには、台湾で最も古い上海料理の店だと紹介されていた。横書きの際に右から左へ書くのは昔ながらの習慣であり、要するにそれだけ歴史ある老舗なのだろうと納得した。

当然のように用意されていた日本語メニューを頼りに、何を注文しようか迷っていると、店のおばちゃんが日本語で教えてくれた。

「カニのショーロンポーがオイシイよ」

ではそれと、あとはノーマルの小籠包とほうれん草炒め、チャーハンに決める。

飲み物はもちろん、台湾ビールである。出された瓶ビールをお互い注ぎ合い、男二人で静かにカンパイした。台湾ではお馴染みの、サイズの小さなコップなので、グビグビッとすぐに飲み干してしまう。すかさず注ぎ足しているうちに瓶が空になったので、もう一本をお代わりする。異国の地で飲むビールほどウマイものはない。

そうこうするうちに、料理がどんどん運ばれてきた。出てくるのが早いのが何より素晴らしい。フジフミさんとは昨年一緒にドイツやポーランドを旅したのだが、そのときの旅を思い出した。

「ドイツも良かったけど、やっぱりアジアが一番だねえ」

ヨーロッパで食事をしようとすると、頼んでから何十分も待たされたりする。そういう流儀なのだろうが、あのまどろっこしさが自分には合わない。お腹を空かせた客を待たせるなんてナンセンスだと思うのは、アジア人の感覚なのだろうか。

普段は一人旅ばかりなので、食事の瞬間には同行者のありがたみを感じる。とくにこういう中華系の料理になると、人数が多い方が都合がいい。一人だとあまり種類も食べられないし、そもそもこの手のちゃんとしたレストランへは入りにくかったりする。酒を飲みながら、くだを巻ける相手がいるのは貴重だ。

蒸籠に八つ入りの小籠包がノーマルと蟹入りで二種類。結構な量だが、二人なのでペロリと平らげてしまった。お会計をお願いすると、八百四十五元だという。各自五百元札を出し合い、計千元をおばちゃんに渡すと、お釣りに百元札が二枚出てきた。

「オマケです。その方が分けやすいでしょう」

本来ならば百五十五元が返ってくるところだが、割り勘にしやすいようにと少し色を付けてくれたわけだ。これには驚いた。なんだか今日は台湾の人たちのやさしさに甘えてばかりだなあ。

食後は甘いものでも食べたいということで意見が一致し、「春水堂《しゅんすいどう》」へ行くことにした。近頃では日本にも支店が進出した台湾茶の有名店は、実はここ台中が本拠地なのだ。僕たちはホテルから近い精明一街《せいめいいちがい》の店に入った。

春水堂といえば、珍珠奶茶《チンジューナイチャ》である。タピオカ入りミルクティー。パールミルクティーとも呼ばれる名物ドリンクは、台湾を代表する飲み物であり、台湾を旅しているとあちこちで実際に飲む機会がある。春水堂はその珍珠奶茶の発祥の店なのだ。

精明一街は小洒落たカフェが並び、「台中の銀座」などと称される。ハイカラな通りの中でもひときわ目立つ瀟洒《しょうしゃ》な建物が春水堂だった。内装もアンティークな落ち着いた雰囲気で、パッと見高級店のようだが、料金はそれほど高くない。

珍珠奶茶は小サイズが六十元、大サイズが百十元だった。小サイズでも三百三十㎖もあるというので、僕たちは小サイズを注文した。

「この前、新宿の店でも飲んだのですが、こんなに美味しくなかったですよ。値段も高いし。確か四百八十円だったかな」

フジフミさんが言った。日本にもあるとはいえ、本家で味わう方が何倍も美味しく感じるのは春水堂に限らない。だからこそ、旅をする意義も生まれる。「行って食う」は我が旅のモットーのひとつだ。

飲み物だから、「行って飲む」の方がいいだろうか。でも、珍珠奶茶はどちらかといえばスイーツに近い。ぷるっとした弾力あるタピオカの適度な甘みがたまらない。あらかた飲み終えても、名残惜しさのあまり最後の一粒まで意地汚く飲み干した。

それにしても、いい歳したオッサン二人が向き合って珍珠奶茶をチューチュー飲む光景は滑稽だろうなあ。どちらかといえば、盛り場にでも繰り出して酒を飲み直すのが本来の姿のような気もするが、まあ、いいのだ。スイーツ男子ということで。

それに、僕たちは消耗していた。今朝は五時半起きで、しかも移動続きだったのだ。台湾と日本の間にはわずかながら時差もある。

さすがに体力の限界。今日はこれでお開きとすることにした。

帰り際にコンビニで缶チューハイを買って、それを飲んだら急激に眠気に襲われた。長い、本当に長い一日だった。

正確にはフレーバービールなのだが、日本の感覚だと缶チューハイ。

(三) 美味しい国はいい国だ

台湾の朝は遅い。朝食を探しに八時過ぎに外へ出ると、街は妙に閑散としていた。商店のほとんどがシャッターを降ろしており、歩いている人の姿もまばらだ。夜の賑わいと比較すると、別の街のようにも見える。

そういえば、昨晩SIMカードを購入した携帯ショップは、営業時間が夜十時までとなっていた。ずいぶん遅くまでやっているんだなあと驚いたのだが、代わりに始まるのもゆっくりなのだと知ると、色々と納得もいくのだった。

お店もまだあまりやっていないとなると、午前中は観光に精を出すのが良さそうだ。僕たちはまず、台中市内の主要観光スポットを巡ることにした。

最初にやってきたのは宝覚寺《ほうかくじ》だ。台湾では珍しい仏教寺院のひとつだが、ここはお寺そのものよりも巨大な黄金大仏で知られている。恵比寿さんのような柔和な表情の大仏は写真などで見たことがあって、かねてより気になっていたのだ。

「きっと、珍スポットに違いない」

失礼ながら、そんな予想を抱いてもいた。

旅をしていると、なんだかよく分からないけれど、やたら個性的で目を引く造形の銅像や建物なんかにたまに出くわす。とくにアジア地域に多く、我らが日本国内にもそういうスポットはたくさんある。例を出すなら茨城県の牛久大仏や、愛知県の五色園などは個人的にもお気に入りだ。

いささかB級感が漂い、ファニーという形容詞が似合いそうな観光名所。そういうところを僕は尊敬の念を込めて珍スポットと呼び、近くまで行ったら積極的に立ち寄るようにしている。これも旅のライフワークのひとつだ。

実物を目の当たりにしてみて、宝覚寺の大仏は一級の珍スポットだと感じた。「一級」なのに「珍」となると、なんだか矛盾しているが、ほかの凡庸な珍スポットと比べて一歩抜きんでている。つまり、予想した以上に立派だったのだ。

まず、大仏の大きさに圧倒される。全長は約三十メートルもあるという。広角寄りのレンズで少し引かないと全体像を写せないほどだ。

そして、全身キンピカのド派手なカラーリングに目を瞬かせた。見方によっては成金趣味とも思える、あっけらかんとした豪華さは、いかにも中国的な建築美である。パッと見の分かりやすさは重要だ。幸いにもこの日は雲ひとつない快晴で、青く澄み渡った空をバックに、大仏のゴールドがよく映えていた。

ガイドブックによると、「鳥が鼻の下にすぐ巣をつくってしまうことから『鼻くそ大仏』とも呼ばれる」のだという。残念ながら僕たちが訪れたときには、その鼻くそというか鳥の巣はなかった。満面の笑みを浮かべる大仏の鼻下にそれが付いているさまを想像すると、愉快な気持ちになり、親しみがさらに増してくるのだった。

興奮してパシャパシャ写真を撮っていると、地元風の台湾人がやってきて、膝を地面について手を合わせていった。敬けんな人たちにとっては、ここはれっきとした拠りどころなのだろう。日本統治時代の日本人の遺骨もこのお寺には埋葬されているらしい。

野次馬根性丸出しでカメラを向ける、自分の矮小さにやや気恥ずかしくもなるが、一度抱いた鼻くそ大仏のイメージは覆せない。自分の中ではやはり一級の珍スポットとして記憶に残りそうだなあ、というのが正直な感想だ。

宝覚寺を出たら、引き続き近くにある孔子廟へ向かった。台湾では各地で見かける孔子廟だが、台中のものは宋代様式であることが特徴だという。ふむふむ、と頷きつつも、中国の建築様式の話をされてもピンとこない。絵になる建物ではあるのだが、鼻くそ大仏を見た後だとどうしてもインパクトに欠ける。

観光客が僕たち以外にはまったくいなくて、ガランとしていたのは良かった。さらには建てられたのが一九七六年と、自分の生まれた年と同じであることで好感度が上がった。けれどそれらは歴史建造物としての本来の評価基準とは無関係である。

我ながら、不真面目な観光客だなあと自覚する。いまに始まったことではない。特段思い入れのあるような場所を除けば、熱心に見て歩こうというモチベーションは湧かないのだ。通りすがりついでに、ちらりと覗く程度。所詮は気まぐれな観光客なのだと開き直っているし、それで十分に満足している。

孔子廟そのものよりも、記憶に残ったのは付近の屋台で食べた蛋餅《ダンビン》だった。宝覚寺から孔子廟へ向かって歩く途中で、やたらと行列ができていたのを見て、つられて並んでみたのだ。この国の人たちが並んででも食べようとするとなれば、美味しいに決まっている。台湾では右に倣うのが正解である。

台湾らしい造形の孔子廟。鼻くそ大仏の写真は巻頭カラーで。

蛋餅とは、卵焼きを小麦粉でできた生地で巻いたもので、台湾の朝食の定番メニューのひとつだ。大きな鉄板で焼いているさまはお好み焼きに似ているし、卵焼きといっても卵よりも生地の存在感が強いせいかクレープのようにも見える。もちもちした食感が特徴で、焼きたてのをハフハフ言いながら頬張るのがたまらない。

屋台のお兄さんの愛想の良さが印象に残った。テキパキ動きながら、次々と注文を捌いていく。看板娘ならぬ、看板兄貴という感じ。観光客が来るような店ではなさそうなのに、やはり日本語が普通に通じたのにも感心させられた。

屋外にテーブルを並べただけの簡素な店ながら、列ができているだけあって、さすがに美味しかった。ひとつ二十元とお財布にもやさしい。

こういう何気ないローカルグルメが大当たりだったりするから、台湾のご飯は本当にあなどれない。少し前に朝食を終えたばかりだというのに、朝から早くも二軒目。やはり今回も食いしん坊旅行の様相を呈してきたのだった。

ぶらぶら散策を続けながら、台中一中街《いっちゅうがい》までやってきた。若者向けの洋服屋さんなんかが集まり、「台中の西門《せいもん》」と呼ばれるエリアだ。念のため書いておくと、西門とは台北市内にある若者タウンのことで、西門自体は「台北の渋谷」などと称されてもいる。そうなると台中一中街は、「台中の渋谷」と言い換えてもいいかもしれない。

あちこち観光しているうちにすでにお昼近くになっていたが、街は賑わいとはほど遠く、いまだ眠りから覚めていないようだった。繁華街だけあって無数のショップが並んでいるものの、オープンしている店の方が少数派だ。ふと見かけたショップの看板には、開店時間は十二時と書かれていた。台湾の朝はとびきり遅いらしい。

「行きたいところがあるんだよねえ」

ベンチに座って休憩しながら、僕は言った。台中に来たのならば、ぜひ見てみたい場所があった。古い民家の壁一面にカラフルなペイントを施した、アート村のようなところで、以前に飛行機の機内誌で見て知って以来、我が「行きたいリスト」の中で上位に入っていた。いわば念願系スポットのひとつだ。

ネットで調べてみると、その村は正確には台中の郊外に位置していることが分かった。バスもあるが、本数が限られるのでタクシーがベストのようだ。

「いいですなあ。ほかにアテもないし、ぜひ行きましょう」

最悪別行動してでも行くつもりでいたが、フジフミさんも興味を惹かれたようで、話はすぐまとまった。こういうとき、ノリのいい同行者だと助かる。

タクシーの車内で揺れに体を預けていると、気持ち良くなってウトウトしてしまった。フッと気がついたときにはもうだいぶ遠くへ来ており、運転手とフジフミさんが窓の景色と睨めっこしつつ、こっちかな、いやあっちかなとやり合っている。むむむ、どうやら道に迷っているらしい。

言い出しっぺのくせに、場所探しは人まかせで自分はすっかり眠りこけていたわけだ。いやはや申し訳ない。こういうとき、面倒見のいい同行者だと助かる。

なんとか道の途中で小さな案内板を見つけ、目的地へ辿り着いた。メーターには「345」と表示されていたので、四百元を渡すと、運転手はなぜか百元札を返してくれた。道に迷ってしまったので、おまけしてくれるらしい。またしても台湾らしいやさしさに触れる形になり、ホッコリさせられた。

お目当てのアート村は、その名も「彩虹眷村《さいこうけんそん》」という。彩虹という文字から想像するイメージ通り、一言でいえば、カラフルな村である。赤を基調とした原色の派手なペインティングが、村じゅうに施されている。民家の外壁から、細い路地の塀や地面までくまなく塗られている。英語の看板には「Ｒａｉｎｂｏｗ Ｖｉｌｌａｇｅ」と書かれていた。まさに虹の村と言えるだろうか。

小さな古民家の外壁を埋め尽くすようにして描かれた無数の絵からは、オリジナルな世界観が窺える。人間をデフォルメしたもののほか、ウサギや猫といった動物がモチーフの中心だが、どれも個性的で愛嬌たっぷりで、童話のキャラクターのようだ。

眷村とは軍事村のことで、国民党と共に大陸から台湾へやってきた、いわゆる外省人が暮らしていたところだ。ここは現存する眷村のひとつで、元々は普通の住宅街だった。ところが、村に住む一人の男性がこれらの絵を描き、ネットのクチコミなどで瞬く間に話題を集めたことで、いまでは観光客が大挙して訪れるようになった。

見方によっては、単なる壁の落書きである。それも、恐ろしくスケールの壮大な落書きだ。似た類の芸術作品としてはグラフィティアートが思い浮かぶが、彩虹眷村の世界観はアヴァンギャルドではなく、受ける印象はひたすらポップ。子どもから大人まで広く楽しめそうな、ワクワクする感じの明るいペインティングである。

村は観光地化されており、ポストカードやTシャツといった土産物が売られている。ミーハーな旅人としてはついつい色々とお買い上げしてしまう。それらを物色しているときのことだった。

「彼がこの村のアーティストですよ」

売り子の女性が英語で教えてくれた。ポップでカラフルな作品を手がけた作家ご本人が、思いがけず現場に現れたのだという。

そして、その男性を見て、僕は心底驚いた。

おじいちゃんなのだ。なんと、御年九十を超えるという。

とてもあの絵の雰囲気からは想像できない。てっきり、新進気鋭の若手アーティストが描いたのだろうと思っていたぐらいだ。

気さくなご老人だった。記念に一緒に写真を撮らせてもらうと、ニコニコ顔でピースサインを決めてくれ、「アリガトウ」と日本語でお礼まで言われた。こちらこそ、ありがとうございます。恐縮しきりである。

こぢんまりとした村ながら、とんでもなく混雑していたことも印象に残った。閑散としていた午前中の台中市内とは比較にならない人口密度である。

訪問客はほぼ台湾人で、外国人は僕たちぐらい。一眼レフのちゃんとしたカメラで、一

作家先生ご本人との貴重なツーショット。サインをもらい忘れた。

心不乱に撮影している人の姿が目立つ。確かに写真の被写体としては絶好の、フォトジェニックなスポットだ。ポストカードにもなっている一際特徴的な絵柄の前では、撮影のための順番待ちまでできていた。

「知る人ぞ知る観光地って感じだね」

僕が感想を漏らすと、フジフミさんが頷いた。彼もツボにハマったらしく、写真を撮りまくり、お土産をしこたま買い込んでいる。ついてきてもらって良かった。

村の外側は小さな広場のようなスペースになっていて、飲み物の露店が何軒か出ていた。夏祭りの縁日のような露店がどこか懐かしく、僕たちは休憩がてらそこでラムネを買った。パンダの形をした、これまたポップなボトルのラムネである。

露店のおばちゃんに六十元と言われ、僕たちは一人一本ずつで百二十元を渡した。すると、おばちゃんはなぜか驚いた顔をして六十元を返してきた。

「二つで六十元ってことですかね」

もう何度目か分からないカルチャーショックを、またしても受ける。台湾の人は知らん顔をして、そのままもらってしまうようなことはしない。どこまでも誠実なのだ。

そのラムネを飲んでいると、ポロロンとギターを奏でる音が聞こえてきた。演奏しているのは、アイアンマンのようなマスクを被ったコスプレの男性だ。いわゆる大道芸の一種なのだろうが、彼の格好もまたとびきりカラフルで、村の景観に完全に溶け込んでいる。まるで元々そこにあるセットのひとつのようで、とても絵になる。

やけにサービス精神旺盛なアイアンマンだった。演奏が終わると、聴きに集まっていた観光客と記念撮影タイムとなった。ただ単に一緒に写るのではなく、観光客のスマホを借りて自らシャッターを押してくれる。お決まりのアングルがあるらしく、しゃがみ込んで自撮り風に撮影している。

せっかくなので、僕たちもお願いすることにした。アイアンマンに指示される通りに、空へ向かって腕を突き上げ指を差した。すると、我々の人差し指の先にはそのアイアンマンの大きな顔という、摩訶不思議な写真が撮れたのだった。ワンダフル！　彼もまたアーティストの一人と言えそうだ。

彩虹眷村はテーマパークのようなところだった。たとえ芸術や美術に興味がなくてもきっと楽しめる。僕の満足度はかなり高

彩虹眷村のもう一人のアーティストとも記念撮影。合成写真ではないです、念のため。

い。わざわざ訪れた甲斐があった。

台中市内に戻ってくると、街はようやく動き始めたようだった。土曜だからか買い物袋をさげた人も多く、オシャレをしてお出かけしましたという感じの雰囲気。いかにも都会的な活況を呈している。

僕たちは遅めの昼食をとりつつ、フジフミさんの希望でNOVAへ立ち寄ることにした。彩虹眷村に付き合ってもらったし、そのお返しの意味も込めて僕も同行する。といっても、個人的に興味の湧かないスポットではない。

NOVAは、パソコンやスマホといったIT関連のショップがテナントとして入った商業ビルだ。台北にもあり、僕も台北のNOVAは訪れたことがある。

ビルの中には個人商店のような小さな店が並び、何に使うのか分からないパーツやら、怪しげなデジタルガジェットやらが軒先に並べられている。日本で言えば、秋葉原のような電脳街だ。

この手のビルは、台湾に限らずアジア全域でしばしばお目にかかる。雑然とした雰囲気に旅心をくすぐられるし、そもそもデジタル全般を好む旅人なので、冷やかし歩くだけでも大いに興奮する。

「クロームブック（グーグルのOSを搭載したノートPC）が欲しいんですよね。売ってるかなあ」

当初はそう言っていたフジフミさんだが、NOVAにはクロームブックは売っておらず、結局スマホを購入していた。日本よりも少しだけ安かったようだが、値段よりも記念買いといった雰囲気。

スマホは台湾メーカーASUSの最新機種だった。日本で買えるのだとしても、本家、台湾で買うことに意味を見出したのだろう。そんな彼の行動心理には僕も納得がいく。「行って食う」と同様、「行って買う」も我が旅のモットーである。

一通り買い物を終え、僕たちはホテルへ荷物を取りに戻った。今日はこれからさらに台中から移動するつもりなのだ。

次の目的地は——台南《たいなん》である。台湾の西側を少しずつ、着実に南下していく。一周旅行の駒をひとつ進めるというわけだ。

台南は台湾南部の主要都市で、新幹線、すなわち高鐵も停車する。当初は僕たちも高鐵に乗っていくつもりだったが、ここで予定を変更した。

「台鉄の駅から在来線で直行した方が楽なのでは？」

などという事実に気がついたからだ。

高鐵の台中駅までは、在来線の台鉄台中駅からローカル線で移動しなければならない。どうせ台鉄の駅から出発するのなら、そのまま在来線の特急列車に乗った方が効率的だし、乗り換え時間なども考慮するとトータルの所要時間は大して変わらない。

新幹線はすこぶる快適だが、快適すぎるがゆえに物足りなさを覚えるのも正直なところだった。それに、昨日やってきたルートをそのまま逆戻りするのもつまらない。ここは気分を変えてローカルの列車を体験してみよう、そうしよう！　という結論に達したのである。

台鉄台中駅の切符売り場は、フォーク式の列になっていた。並んでいる順番に、空いた窓口へと向かう。窓口によって列が進む速さが違ったりして、理不尽な思いを味わうことがないのは合理的だ。

台南へ行きたいと伝えると、窓口の女性は英語で教えてくれた。

「フォーフォーティエイト」

四四八……か。一瞬、運賃のことを言っているのかなと思ったが、それは僕の勘違いで、フォーフォーティエイトは列車の出発時刻だった。四時四十八分発らしい。ちなみに運賃は三百六十三元である。

出発まで少し時間があったので、トイレへ行き、駅構内のモスバーガーで時間をつぶした。トイレは当然のように無料——海外でトイレが無料なのは特筆すべきだ——だし、モスバーガーは多少のメニューの違いこそあれ日本のモスバーガーとなんら変わりなく、まるで日本の地方を列車で旅行しているような気分になった。

切符には「自強」と書かれている。これは特急列車を意味するらしい。号車番号や座席番号の記載もある。とくに何も言っていないが、指定席が割り当てられたようだ。

やってきたのは昨日高鐵台中駅から乗ったのとほぼ同じタイプの車両だった。中へ乗り込み、自分の座席を探す――あれっ、誰かが座っている！

もう一度切符を見直すも、番号は間違っていない。恐る恐るその相手に話しかけ、切符を見せると、素早く席を空けてくれた。そそくさと別の車両へ立ち去ったのを見ると、確信犯なのだろうなあ。このときはその程度の感想しか抱かなかったが、実は後日になって真相を知ることになる。まあ、それは追々書いていこう。

台南までは約二時間。近すぎず、遠すぎずでほど良い距離だ。

「今晩のホテルはどんなところなの？」

「台鉄の台南駅の近くなので、今日は駅から歩いて行けそうです」

台南のホテルも引き続き手配はフジフミさんにお願いしていた。明日には彼は日本へ帰ってしまうから、そろそろ明日以降の予定も考えなければならない。

車窓の景色をボーッと眺めつつ、僕はスマホを取り出した。昨日とは違いＳＩＭカードを入手済みなので、常時オンラインである。

青春18きっぷなどで日本国内を列車旅行するときもそうだが、なるべくこういう移動時間にネットを活用するようにしている。次の街の情報収集をしたり、宿の予約をしたり。暇つぶしも兼ねられて一石二鳥だし、行き当たりばったり型の旅行者なので、直前でも旅の計画を練られるのは便利だ。

台南からそのまま南下していくとなると、妥当なのは高雄《たかお》だろうか。それかあえてマイナーな街を目指すのも楽しそうだ。場合によっては台南に延泊する手もある。ああでもない、こうでもないと妄想を膨らませるこの瞬間もまた、旅のハイライトだ。

地図アプリを起動すると、GPS機能で現在地が分かるのも列車旅では大助かりである。

台南へ向かう特急車内にて。同行者がいるとこんな写真も撮れる！

画面で確認すると、台中からしばらく走って、列車は嘉義《かぎ》市に入った。台湾中部では比較的大きな都市で、以前に僕は来たことがある。

街の東部には山岳地帯が広がっている。台湾最高峰の阿里山《ありさん》もここにあって、そのときの旅ではご来光を見に行ったのだ。下山途中で茶畑に立ち寄って、お土産にお茶を買ったりもした。めちゃくちゃいいところだったなあと回想に浸る。

嘉義は旅行者にとって阿里山観光の起点となる街なのだが、最近は別の理由で注目を集めてもいる。台湾で大ヒットした「ＫＡＮＯ」という映画の舞台がここなのだ。

映画は日本統治時代に台湾代表として甲子園出場を果たしたこの地の高校野球部の物語で、日本人キャストも多数出演している。映画のヒットに便乗する形で、嘉義のロケ地巡りを台湾旅行の新たな目玉にしようという動きもあると聞く。

個人的にもかねてより気になっていた映画なのだが、実はまだ観ていない。日本での公開日が出発の前日だったからだ。残念ながら、僕が出発するのと入れ替わりとなってしまった。帰国後のお楽しみである。

スマホの小さな画面と睨めっこしていると、やがてウツラウツラとしてきた。乗り物の揺れは強烈に眠気を誘う。案の定、ここでふたたびの居眠りタイム。結局何も予定を決められないまま、列車は台南へ到着したのだった。

台鉄台南駅の駅舎も、台中駅に負けず劣らず立派で古めかしい建物だった。列車を降りたときにはすでに日は落ち、夜の闇に覆われていたが、美しくライトアップされ、レトロながらも艶めかしい風情を醸し出している。

道路を横断し、駅前ロータリーの中央にある広場のようなスペースから引き気味に駅舎の全体像を写真に収めていると、突然声をかけられて僕はビクッとした。

「日本の方ですか？」

はい、そうですが……。僕たちと同じぐらいの年齢の男性だった。ずいぶんと流暢な日本語を話すなあと訝っていたら、なんとその人は日本人だった。肌寒い中にもかかわらずTシャツ、短パン姿だし、髪形もほとんど台湾人のようだ。

「こっちに住んでいるんですよ。もう十年ぐらいになります」

という簡単な自己紹介を受けて納得する。海外生活が長すぎて、現地に溶け込み日本人離れしたような人には、世界のあちこちで出会ってきた。

「台中から来たのですが、向こうでは日本人には一人も会わなかったので……」

こちらも軽く自己紹介をする。つい警戒顔を浮かべてしまった言い訳を交えて。

「台南も少ないですよ。この前久々に台北へ行ったら、街じゅう日本人だらけでビックリしたほどです」

駅の近くで友人がゲストハウスをやっていると言われ、僕は俄然興味を覚えたが、あいにく宿はすでに予約済みだ。せっかくなので台南のオススメを訊いてみると、夜市がおもしろいと即答された。

「台南の夜市は台湾で一番です。あそこはなんというかこう、パッとテンションが上がるんですよね。絶対行った方がいいです」

彼はそう言って目を輝かせた。激烈なプッシュという感じだ。

自分の住んでいる街の名所なんて、身近すぎるあまり、なかなか好奇心の対象にはなりにくいものだ。ところが、十年も暮らしているにもかかわらず、その夜市はいまだに興奮すると言う。これはただ事ではない。

「今日は夜市の日ですね。曜日が決まってるんですよ。この時間ならもう賑わい始めてるんじゃないかな」

毎日ではなく木、土、日曜のみ開かれる夜市らしい。今日は土曜である。なんというラッキー。ぜひ行ってみます、と答えてその人とは別れた。名前すら訊かなかったけれど、なんだか妙に印象深い出会いだった。

ホテルまでは本当に近くて、駅から歩いてチェックインできた。荷物を置いたら、急かされるようにして街へ繰り出した。移動した直後であっても、とりあえず休憩という選択肢がないのは我が旅ではいつものことだ。

なんといっても、台南である。食事に対する期待はほかの街以上に大きい。台南は台湾屈指の美食の街なのだ。どこが一番美味しいかを台湾の人たちに訊いたら筆頭に上がるほどで、美味しいものには目がない旅行者としては、本領を発揮すべき街と言えそうだった。ゆっくり休んでいる場合ではないのだ。

まず向かったのは、「再發號肉粽」である。一見するとどこにでもありそうな庶民的な食堂といった佇まいながら、超が付くほどの有名店。なんと創業百年を超えるという。老舗中の老舗である。

この店のウリは何かというと、ちまきだ。ほかにもメニューはあるが、基本的には専門店であり、ちまき以外のものを注文するのも邪道だろう。

ちまきは三種類あって、五十元、百元、百五十元と三段階の料金設定になっていた。ちょうど五十元ずつと、シンプルな金額差。中に入っている具が違うらしい。

「これはやはり一番高いやつがいいのでは」

必ずしも味は値段に比例するわけではないが、わざわざ来たのだし、ここは最高級を選ぶのが定石だろう、ということで百五十元のちまきを注文した。

店の軒先には、葉っぱにくるまれた状態のちまきがたくさん積まれていたが、中身を取り出してお皿に盛られたものが出てきた。きれいな山の形をしており、思っていたのより大ぶりだ。お米の塊の中にちらほらと具が顔を覗かせている。表面は艶やかで、いい具合にタレもかかっていて、見るからに食欲をそそられる。

さっそくパクッといってみる――んんん！　なんだこれは！

思わず叫びそうになった。驚きのウマさ。世の中にこんな美味しいものが存在したのかというぐらいの激しい感動。

もっちりした餅米にやさしい味が染み渡っている。一番高額なだけのことはあり、中に入っている具も豪華で、そして種類が多彩だ

見返すだけで涎が出てくる。竹串で食べるのもなんだか風流でいい。

から飽きがこない。肉はもちろん、栗や椎茸や貝柱や海老などなど。なんと鮑《あわび》まで入っていた。それらをひとつずつつまみ、口へ運んでいく。お腹が減っているのでバクバク食べられそうだが、なんだかもったいない気がして、じっくり味わうようにして堪能した。

「これはいきなりだけどもうリスペクト決定かも」

僕は興奮しながら口走った。我が家では最近、旅行の度に、そのとき食べ歩いた中でとくに気に入ったものを「リスペクト」と呼んでいる。言うまでもなく「尊敬」という意味の言葉だが、もう少し深い意味がある。

きっかけはテレビのドキュメンタリーだった。「バイキング家族」と呼ばれる、日本一の「食べ放題のプロ」の一家を取材した番組を偶然観る機会があった。一家総出で、焼き肉やホテルの朝食ビュッフェといった、いわゆる食べ放題の店へ挑むのだが、その恐ろしく手慣れた食べ方に僕は衝撃を受けたのだ。

細かい部分は省くが、簡単に説明するとこんな感じだ。まずはみんなで手分けして、その店で食べられる料理を漏れなく全種類、お皿に取ってくる。品数の多い店だと何十種類にも上るが、そういう場合でも容赦なくすべてに挑戦する。

テーブルに載り切らないほどのボリュームのそれらを一通り食べるわけだが、当然ながら、好き嫌いは出てくる。気に入ったものがあれば重点的に攻めたいのが人情だろう。どうせお腹を膨らませるのなら、美味しいもので満腹になりたい。

そこで登場するのが、その名も「リスペクトタイム」である。食べ放題の制限時間ぎりぎりのタイミングで、各自が食べたいものを自由に選べる時間が用意されている。要するに、お代わりタイムというわけだ。

リスペクトタイムとは上手いことを言う。まさに美味しいものに敬意を払う時間である。僕は非常に深い感銘を受けた。弟子入りしたいと思ったほどだ。その家族へのリスペクトの意味を込めて、とくに旅行中にこのフレーズを使うようになった——以上が事のあらましである。

「なるほど、そうすると確かにこのちまきはリスペクト候補ですねえ」

僕の説明を聞いて、フジフミさんも納得してくれたようだった。時間があれば、また食べに来てもいい。僕たちは大満足で店を後にしたのだった。

食べ放題のプロにはなれそうもないが、食べ歩きは我が旅の最大の楽しみだ。テクテク歩いて早くも次の店にやってきた。間髪を容れずに食べどころをはしごする。デブへの道まっしぐら。でも、いいのだ！　胃袋にはまだまだ余地がある。

二軒目のターゲットは「度小月《どしょうげつ》」である。これまた超有名店。我ながらミーハーなチョイスだが、台南まで来たからには訪れないわけにはいかないだろう。

　グルメシティ台南を代表する名物料理、担仔麵《タンツーメン》の老舗店だ。小籠包といえば鼎泰豊が出てくるのと同じような感じで、担仔麵といえば度小月が真っ先に思い浮かぶ。台南を代表する名物グルメの元祖がこの店なのだ。

　担仔麵は、いわば台湾風ラーメンである。本当はラーメンとはまるで別の料理だが、日本人への説明としてはラーメンが最も分かりやすいだろう。

　黄色い中太麺に、茶色系のスープがからまる。具は店によって多少違うが、海老やパクチーのほか、魯肉飯のようなそぼろ肉が載っており、八角の香りが混じったいかにも台湾らしい味わい。お好みで煮卵もトッピングできる。

　ただし、日本のラーメンと比べるとサイズは小ぶりで、サラリと食べられる。拡張気味の僕の胃袋だと、これだけではとてもお腹いっぱいにはならないが、シメの料理としてはちょうどいい。夜遊び帰りに食べたくなるような一杯である。

　度小月では、煮卵などが入っていないシンプル＆ノーマルな担仔麵が五十元だった。割と小綺麗な店にもかかわらず、屋台価格なのがうれしい。

　担仔麵は元は台南名物ながら、台湾じゅうで愛されている。牛肉麵と並ぶ台湾が誇る麵料理の定番であり、そして最高峰だと僕は思う。夜市へ行けば、一軒や二軒はほぼ確実に担仔麺の店が見つかるくらいで、ご当地モノというよりは、台湾の人たちにとってのソウルフードといった位置付けだ。

度小月は台北にも支店がある。昨日訪れた台中の春水堂などもそうだが、美味しい店は案外台北にも進出している。わざわざ地方まで行かずとも台北で体験できるのだが、だからこそ本場のありがたみは大きくなる。わざわざ足を運んだ達成感を重んじる。ここでもやはり、行って食う、なのだ。

日本で喩えるなら、讃岐うどんのような存在と言ってもいいかもしれない。東京でも食べられるが、できれば本家、香川で味わいたい。まったく同じ味だとしても、不思議なことに香川で食べた方がなぜか何倍もウマイ気がする。単に気分の問題なのだろうが、旅をするうえで気分は何よりも大事だ。

店の入口付近では、担仔麺づくりを実演する特設ブースが設けられていた。座高の低い椅子に座ったお兄さんが、湯気を上げる鍋に囲まれている。僕たちのような観光客がいかにも喜びそうな演出だ。絵になりそうな光景を写真に収めるべくカメラを向けると、お兄さんと目が合った。

「美味しいでしょう？　また食べに来てね」

ちょうどいま日本語の勉強中なのだそうだ。はい、また食べに来ます。ここもリスペクト候補入り決定である。

お腹が一段落したところで、僕たちは夜市へ行くことにした。駅前で出会った日本人に教えてもらった、例の「台湾一」という噂の夜市である。その名も「花園《はなぞの》夜市」という。台南の繁華街からは距離があるので、タクシーを拾った。

正直なことを言うと、僕は半信半疑だった。本当にそんなにすごいのか、疑いの気持ちを抱いてしまう。そもそも夜市というもの自体、これまでの旅人生でそれなりの数を観てきた自負もある。台湾はもちろん、アジア全域であらゆる種類の夜市を体験してきた。良くも悪くも場数を踏んでいるがゆえに、ちょっとやそっとじゃ驚かないぞ、などという警戒心が拭えないのも本音なのだ。

ところが、である。

それは唐突に現れた。「あれだよ」と運転手が指差す方向を見て――えっ！　と目を擦りそうになった。賑わっている、なんてレベルではない。ものすごい規模の光の集合体。それが渦のようにぐおんぐおんと眩しさを増し、漆黒の空を下から照らしていた。目にした刹那、僕はゾクッと鳥肌が立った。そうして次の瞬間には、パッと心が浮き立った。子どもの頃に、夏祭りの会場に辿り着いたときのような高揚感。

光の正体はもちろんすべて屋台だ。広大な空き地のような一画に、無数の屋台がぎっしり詰まっている。そこかしこで幟《のぼり》が風にはためいている。

「これは市場というより、祭りって感じですねえ」

フジフミさんも予想を上回るスケールだったようで、キラキラと目を輝かせている。

中へ突入して、さらに呆気に取られた。人の多さが半端じゃないのだ。東京の満員電車並みの大混雑。いや、あれ以上かもしれない。前へ進むのもやっとなほどで、ボケーッとしていたら迷子になってしまいそうだ。

ガイドブックにはスリに注意とも書かれていた。治安のいいこの国でスリなんてピンとこないものの、自分が悪事を働く側になって考えるなら、この人込みは確かに格好の狩場と言えそうだ。それぐらい人が多いのだ。台北の大きな夜市もそれなりに人が多いが、まるで勝負にならないほどだ。

完全に舐めていた。僕の拙い想像力を遥かに凌駕する世界が広がっていたのである。「台湾一」は決して誇張ではなかった。疑ってごめんなさい、とこの場を借りてあの日本人に謝りたい。

前後左右から美味しそうな湯気と、そして匂いが漂ってくる。洋服や雑貨を売る店もあるが、夜市の主役はやはり食べ物の屋台だろう。台湾伝統の名物料理から、外国料理まで、バリエーションはとにかく豊富だ。初めて目にするような食べ物が多く、台湾B級グルメの見本市会場のような華やかさに目を瞬く。

日本風の料理も多数見かけた。日本料理ではなく、あくまでも日本風料理である。たとえば手巻き寿司なのにネタがイチゴという、日本人なら決して思いつかなそうな摩訶不思議な食べ物には度肝を抜かれた。台湾の人たちの逞しい創作力に舌を巻く。案外美味しい可能性も否めないが、さすがに米モノはもう入らないので断念。すでに二軒も飯屋を回った後である。

とはいえ、この食いしん坊の聖地とも言えそうな雰囲気の中で何も口にしなかったら後悔する。ここはとりあえず口直しとして、スイーツ系に挑むことにした。昨日に引き続き、今晩もまたスイーツ男子の集いなのである。

「愛玉《アィユィ》の店がありましたね。久々に食べてみたいかも」

フジフミさんの希望で狙いを定めたのはジュース屋台だった。愛玉とはレモンゼリーのことで、台湾の夜市では定番のスイーツだ。ゼリーではあるが、ジュース屋台ではドリンクの中に投入してくれて、ストローで吸う。飲むゼリーである。

便乗して僕も愛玉にしようとしたのだが、ふと別のものが目に入った。

「タピオカもあるのか。どっちも魅力だなあ。迷うなあ……」

選択肢が複数あると、優柔不断な人間はなかなか決められない。いっそのこと両方はダメだろうかと、屋台のお姉さんに訊いてみる。英語も日本語も通じなかったが、それより何よりお姉さんが美人なことに僕は目をみはった。たぶん二十歳ぐらい。地方都市らしい天然お淑《しと》やか系美女。派手すぎない化粧に好感が持てる。大和撫子もとい、台湾撫子とでもいった感じだ。

僕はタピオカを指差し、それを愛玉へ入れてくれとジェスチャーで訴える。おそらくそんなメニューはないのだろう。お姉さんは戸惑い顔を浮かべたが、僕が図々しく再度お願いすると、仕方ないといった感じでその通りつくってくれたのだった。

タピオカ入り愛玉ドリンクの出来上がり。一杯三十五元でいいという。

それを見て、フジフミさんも同じものを注文していた。お店を後にして、縁石に腰掛けてドリンクを飲み始めたら、彼は珍しく饒舌に語り始めた。

「惚れそうです」

愛玉に、ではない。さっきの台湾撫子の話である。可愛い子だなあとデレデレしていたのは僕だけではなかったらしい。実は去り際に写真を撮らせてもらったのだが、フジフミさんはそれをカメラの液晶画面に表示させ、名残を惜しんでいる様子だ。スイーツ男子とはいえ、男なのである。

「これはもう台南に通うしかないね」

「そうですねえ。台南に引っ越そうかな、マジで」

そこまでかいっ！　と心の中で密かに突っ込んでおいた。

緊張してピントがややズレてしまった。実物は写真よりも可愛かったです、ハイ。

（四）いつだって行き当たりばったり

朝目覚めたときに、頭の中でまだ音楽が鳴っていた。昨晩の帰りのタクシーでかかっていた曲――ＡＫＢ48の「Ｅｖｅｒｙｄａｙ、カチューシャ」だ。

あれは不思議なタクシーだった。液晶画面にカーステレオに収録されている音源のリストが表示されていたのだが、それらの悉《ことごと》くがＡＫＢ48の楽曲なのだ。

僕たちが日本人なのを見て、気を利かせてかけてくれたのかな、などと最初は思った。ところがそうではなく、ただ単にその運転手がファンだったというオチである。パッと見、僕より少し年上と思しき、いかにもオジサン運転手が、日本のアイドルポップスにノリながらハンドルを握る。しかもやたらと音量が大きい。

台湾にいると、日本を彷彿させられる場面は少なくないが、あそこまで顕著な事例はなかなかないだろう。もはやタクシーさえもクールジャパン化しているらしい。

少し前にインドネシアのジャカルタへ行ったのだが、そのときにＪＫＴ48というアイドルグループのコンサートを観る機会があった。同地を拠点に活動する、ＡＫＢ48の姉妹グループである。アキバの本家ＡＫＢ48劇場すらよく知らないのに、いきなり海外版を体験することになった。

コンサート自体も楽しめたが、僕が興味を覚えたのは、会場へ来ていたインドネシア人のファンたちだった。日本のアイドルの追っかけと何ら変わりない雰囲気にビックリしたのだ。誤解を恐れずに言えば、見るからにオタクっぽい男の子たちである。外国にいることを忘れ、仲間意識を抱きたくなるような光景だった。

日本のポップカルチャーに世界から注目が集まるようになって久しい。一過性のブームだろうなあとみくびってもいたのだが、それは収まるどころか、ますます過熱しているようだ。日本人の一人として誇らしい気持ちになる一方で、旅していてどこにいるのか分からなくもなるのだった。

そんなことを考えながら、朝食会場のレストランへ降りていくと、会場内は中国人観光客だらけで戸惑った。朝っぱらから、喧嘩でもしているかのような大きな声があちこちから聞こえてくる。

日本モードでいたのが一転、対大陸の身構える心持ちに変わった。ビュッフェの大皿は熾烈な争奪戦になっており、列の横入りも当たり前。行儀良く並んでいたらいつまでも食べ物にありつけない。とりあえずコーヒーだけ飲んで、あまり箸もつけずに退散することにしたのだった。

「せっかくだから、外に美味しいものを食べに行こうよ」

ホテルの朝食ビュッフェなんて、内容は知れている。高級ホテルならまだしも、中級以下のホテルだと感動するほどの味に巡り合うケースはまず考えられない。だから、僕は旅行中いつも、朝はなるべく外食するようにしている。

なんといっても台湾である。しかも美食の街、台南である。一食も無駄にせず、ウマイもの探求に精を出すべきなのである！　という僕の鼻息の荒い提案に、フジフミさんは嫌な顔もせず賛同してくれた。同行者が食いしん坊だと話が早い。

僕たちが狙いを定めたのは、棺材板《グァンツァイバン》という台南の名物グルメだった。漢字の料理名だけ見てもピンとこないが、どんなものか聞いても頭の中は「？」マークで埋め尽くされる。トーストをくり貫き、その中にシチューを流し込んだものだという。

「クラムチャウダーのような感じかねえ」

まだ見ぬ未知の料理に想像を巡らせる。ともあれ、トーストということはパンだろうし、朝食にはちょうど良さそうな気もした。

お店が開くのが十時だというので、それまで少しだけ観光することにした。台南は台湾の古都であり、日本でいえば京都のようなところだから、見どころは充実している。全部を見て回る律儀さはないものの、多少は観光客気分を味わうのもありだろう。

まず向かったのは、「赤崁楼《せきかんろう》」という十七世紀のオランダ統治時代に建てられた歴史建築物だ。なぜここかというと、深い理由はない。強いていえば宿泊しているホテルから近く徒歩圏内だったのと、ガイドブックの一番先頭に載っていたことぐらい。

これは別に台湾に限らないが、歴史系の観光スポットというのは要注意だ。「ここは必見」などと紹介されているとしても、実は万人向けではなかったりする。ポイントとなるのは、訪れる人のそのスポットに対する思い入れの有無だ。

その地の歴史に傾倒していたり、背景にまつわる物語を知っていたりする人にとっては感慨深いものがあるのは間違いない。けれど、僕のように冷やかしがてら訪れるケースだと、「まあ、こんなものかな」という感想で終わりがちなのである。設置されている解説パネルにいちおうは目を通し、ふむふむ、なるほどと知った気になるものの、所詮はニワカなので、読んだ内容もすぐに忘却してしまう。

罰当たりなことを言っている自覚はある。旅の本でそんなことを言い出したら、身も蓋もないだろうと突っ込まれると反論できない。けれど、それが偽らざる本音なのだ。僕が不真面目すぎるだけなのだろうか。

もちろん、パッと見の外見が派手だったり、写真映えのするところであれば、一見さんでもそれなりに「来て良かった」となることもある。赤崁楼はその名の通り、赤い楼閣が特徴的で、別名「紅毛城《こうもうじょう》」などとも呼ばれるらしい。実際に見てみて、確かに紅いなあ、と思った。でも、以上。ほかに書くことがない。

建物そのものよりも気になったのは、中国人観光客の多さだった。朝食会場に続き、ここも大量の中国人で占拠されていた。個人旅行者ではなく、団体ツアー客である。大きなバスでどかどかやってきて、写真を撮りまくって、どかどか去っていく。

いまや世界じゅうの観光地で見られる光景だが、僕はいまだに慣れない。気にしなければいいとは思うものの、気になってしようがないのだ。まあ、あまり書くと悪口だらけになりそうなので、この辺でやめておく。

そうこうするうちに、十時が近づいてきたので、棺材板の店へ向かった。その名も「赤

モノクロ写真だと肝心の紅さも伝わらないけど、まあとりあえず。

嵌點心店」という。棺材板はほかの店でも食べられるが、考案したのはこの店らしく、どうせなら元祖を攻めようとやってきたのだ。

開店と同時に訪れる客も珍しいのか、中へ入るとガラガラだった。それどころか、店員さんがまだ店内を掃除したりしている。あれ、まさかまだ準備中なのかな……と思ったら、そのまさかだった。開店時間は十一時なのだという。

「おかしいですねえ。やっぱり十時って書いてありますよ」

フジフミさんが某有名ガイドブックのページを開き、改めて確認したところやはり情報が食い違っていた。なんだか騙された気分だが、このガイドブックではよくあることなので、あきらめるしかない。書名はあえて記さないが、「迷い方」などと旅行者の間で囁かれている例のやつだ。

ここまで待ったのだから、あと一時間ぐらい辛抱するしかない。棺材板という謎の料理に対する好奇心はもう抑えられないほど膨らんでいる。とはいえ、いい加減お腹が減っていた。このままボケーッと待つのも無駄だし……ということで、先に別の店で軽く何かをつまもうという話になった。

通りに出てタクシーを拾う。行き先は安平《あんぺい》という、古都・台南でもとくに古い街並みが残るエリアだ。いわば旧市街であり、僕好みなスポットと言えそうだった。ただし台南中心部からは離れており、とても徒歩では行けない。

この隙に安平も見てしまおうと企んだのは、フジフミさんの出発時間が迫っていたからだった。彼は今日のフライトでもう日本へ帰るのだ。飛行機は台南ではなく台北から出るので、新幹線でとんぼ返りしなくてはならない。週末海外の短期旅行ならではの慌ただしい展開がとうとう訪れ始めたわけだ。

台南中心部から来ると、ちょうど安平エリアへの入口付近に位置する「周氏蝦捲」という蝦捲の店に僕たちは突入した。蝦捲は、海老の春巻きに衣を付けて揚げたもので、これまた台南名物のひとつだ。ファストフード店のような気軽なところだが、時間がない我々にとってはそれはむしろ好都合だった。サクッと食べて、ササッと出る。揚げたてアツアツで、プリプリの海老が文句なしにウマイ。次から次へと絶品グルメが現れる。台南は本当に美味しい街だ。

その店を出て、安平の市街地へと向かって歩き始めて間もなく、プリンの写真が視界に入った。スイーツの店のようで、そこのウリがどうやらプリンらしい。状況からそう理解した次の瞬間、僕たちは顔を見合わせた。

「食べていこうか？」

「食べていきますか？」

二人とも同じことを考えていて苦笑する。別腹とはよく言ったものだ。たったいま蝦捲を食べたばかりだというのに、意地汚くプリンに挑むことにしたのだった。

「依蕾特」という名のその店は、工房併設の売店といった感じのこざっぱりとした雰囲気だった。子どもの頃近所にあったケーキ屋さん「シャトレーゼ」にどことなく似ている。プリンのほかに、タルトや焼き菓子などもあるが、ここはやはりプリンをいただくべきだろう。

ひとつ三十五元。スタンダードなカスタードプリンのほか、ココア、マンゴー、黒胡麻と計四種類が用意されている。僕はカスタードを選んだ。店内にはショウケースはなく、写真のみ。レジで代金を支払うと、奥からスタッフが恭《うやうや》しく持ってきてくれるという不思議なシステムに目をみはった。

イートインスペースはないが、店の外に簡易ベンチが設えられているので、そこに座って実食――うおおお、めっちゃウマイ。あまりとろっとはしておらず、ギュッと濃い密度で固まっているタイプのプリン。口に入れた瞬間だけでなく、後を引く味だ。

あまりに美味しかった。ちょっと予想外に美味しすぎた。

「……リスペクトしていい？」

なんと、いきなりのリスペクトタイム。

二つ目はマンゴー味にしてみる。レジのお姉さんは、もうひとつ下さいと即行で戻ってきた客に怪訝な顔を浮かべることもなく、ふたたび奥からプリンを持ってきてくれた。フジフミさんもこれはリスペクトしますと宣言して、一緒になってお代わりしている。さらにはそれでも飽き足らず、お土産に買って帰ると言って彼は大量買いしていった。これから帰国するのなら、僕もこれは箱買いしただろうなあ。

店に掲示されていた商品紹介に気になる記述を見つけた。「台北」がなんたらかんたらと書いてあって、背景にはＴＡＩＰＥＩ　１０１の絵も描かれている。

「もしかして、台北に支店があるんですか？」

だとしたらぜひ行かねばと思い、お姉さんに訊いてみた。

この店構えを見て食欲センサが反応した。潔いまでのプリン推しだ。

「これまで販売されたプリンを積み重ねたら、TAIPEI 101の高さよりも高くなるんです。これはそういう意味です」

なるほど、そういうことなのか……って、それはまた途方もない話である。いまでこそ抜かれてしまったが、少し前までTAIPEI 101は世界一の高層ビルだったのだ。高さは五百八メートルもある。いったい何個のプリンが消費されたのだろう。ほんのわずかではあるが、僕たちも店の高さ記録更新に貢献したことになる。

食後は、安平古堡《こほ》を素早く観光した。これもオランダ統治時代に造られた建物で、「ゼーランディア城」という当時の名称でも知られる。またしても似たような歴史系スポットへ来てしまったわけだが、こちらは赤崁樓よりも規模が大きく、素人目にもより見応えがあると感じた。中国人観光客が少なかったのも良かった。

「ここはずっと来たかったんですよ。付き合ってもらってすみません」

ウッカリやってきた僕とは違い、フジフミさんにとってはもともと思い入れのある場所だったらしい。それは良かった。来るべき人が見てこその歴史系観光地である。

ここは台湾の英雄、鄭成功《ていせいこう》にまつわるスポットであり、ゼーランディア城の名は歴史の教科書にも出てきたほどだという。そう聞くと、載っていたような気もするが、正直なところ記憶は朧気《おぼろげ》だ。不真面目なのはいまに始まったことではないらしい。学生時代にもっとちゃんと勉強しておけば良かった。とくに世界史の知識があれば、旅がさらにおもしろくなっただろうなあ。

安平古堡への滞在時間は十分ぐらいだった。プリンを食べなければもっとゆっくりできたが、いまさら言っても始まらない。それどころか、早々に切り上げてこれからさらに棺材板を食べに戻る。

どれだけ食べるんだこいつらは……と呆れられそうだ。自分でも呆れるのだが、観光よりも何よりも食い気は優先されるのである。

開店時間の十一時を少し回ったタイミングで、先ほどの店に戻ってきた。早くも店内には客がちらほらいて、人気店ぶりが窺える。

注文したのはもちろん棺材板である。繰り返しになるが、トーストをくり貫いて中にシチューを流し込んだご当地グルメだ。

トーストもシチューも、それら単体で考えると普通に無難な食べ物だろう。おもしろいのは、あくまでも二者が一緒になっているからなのだが、こういう意外な組み合わせの創作料理というのは旅していて案外よく巡り合う。

たとえばスペインへ初めて行ったときに、僕は生ハムメロンに初挑戦した。生ハムにメロンという、普通なら思いつかないコンビネーション。生ハムもメロンも大好物であるがゆえに、衝撃は大きかった。世の中にこんなにもウマイ食べ方があったのかと激烈に感動したのだ。最初に考えついた人に拍手を送りたくなったほどだった。

果たして棺材板はどうか――う、うまい。普通に美味しい。けれど、あえて厳しいこともいえば、想像の範疇を超えた味ではなかった。よくよく考えたらシチューにパンを浸して食べるのは邪道ではないし、それほど意外な組み合わせでもないのかもしれない。少なくとも、生ハムメロンほどの感動はなかった。

台南では、ほかに美味しいものを食べまくっているせいもある。

「台南のベストを選ぶならどれかねえ」

「今回はリスペクト候補は多いですが……プリンかな」

「だねえ。自分もあのプリンに一票！」

というわけで僕たちの選考会は終了。最優秀賞がスイーツというのが我々らしい。

棺材板の食事が、フジフミさんと過ごす最後の時間となった。タクシーを拾い、いったんホテルへ戻る。フロントの前で車には待ってもらい、荷物をピックアップする。ふたたびタクシーに乗車するのは、フジフミさんだけだ。台南も高鐵の駅は市内から離れている。このままタクシーで高鐵の駅へ乗りつける作戦である。

慌ただしい別れとなった。フジフミさんはどうも時間を読み違えていたらしく、かなりギリギリらしい。実は状況は緊迫していた。飛行機は待ってくれないのだ。

「そういえばこの前、飛行機に乗り遅れてしまったんですよね」

えーそんなことが！　冗談交じりに明かされた赤裸々な告白。あまりにもサラリと話すのでなんでもないことのように錯覚するが、笑い事ではないような……。

ただ、そのときは日本の国内線だったので、傷は浅かった。今回は国際線である。

「運転手さんに急いでもらうよう頼んでみます」

それがいいね。万が一のときは、バニラエアが結構遅い時間に飛んでいて、LCCだからたぶん当日予約でも安く乗れるはず、といちおう自分の知っている情報だけ伝えておく。万が一の事態に陥らないことを祈りつつ。

「日本に帰ったら、打ち上げをしましょう」

そう言い残してフジフミさんは車に乗り込んだ。二泊三日の男二人旅にしては、来たときよりもやけに荷物が増えている。さっきもプリンをたんまり買っていたしなあ。

やがて別れの瞬間は訪れる。発進した車に向かって、僕は大きく手を振った。ウィンカーを点け、大通りを右折していく——すぐに見えなくなった。

再見《ツァイチエン》！　間に合いますように。

というわけで、いよいよ一人になった。ここから旅は第二部に突入である。新たな展開に対する期待と同時に、一人旅の心細さもじわりと湧いてくる。

さて、どうするか。この期に及んでなお、ノープランなのだ。どこへ行ってもいいし、何をしてもいい。究極の自由を謳歌できる一方で、優柔不断な旅人としては迷走しないように自力ですべての舵取りをしていかねばならない。

まあ、なるようになるだろう。僕は楽観的に構えることにした。

差し当たって、今日どうするかぐらいは決める必要がある。ホテルの前のベンチに座って、タバコをふかしながらしばし思案する。

……………よし、高雄へ行こう！

迷いを振り切り、そう決断。このまま台南に延泊してもいいのだが、気分をスッと切り替える意味でも別の街へ移動した方が得策な気がした。新たな旅を始めるなら、新たな街から、という発想である。

そうなると、有力候補となるのはやはり高雄だった。この国第二の大都市だし、台湾を一周するうえではスルーするわけにはいかない。台南からなら移動距離は短いのも決め手となった。特急列車で約三十分。むしろ近すぎるぐらいだ。

方針が決まれば、あとは行動に移すだけである。ホテルを出発し、てくてく歩いて昨日来た道を引き返す。台鉄の台南駅で、高雄行きの切符を買った。幸いにも「自強號《じきょうごう》」、つまり特急列車がすぐに来るようなので、それに乗る。運賃は百六元だった。

台中から台南まで乗ったのとほぼ同じタイプの列車だった。指定された席に座ると、隣で太ったお兄さんがタブレット端末と睨めっこしている。僕もスマホを取り出した。この移動中に高雄のホテルを探すという重要任務がある。

ホテル予約サイトをチェックしていると、フェイスブックのメッセージを受信した。おや、フジフミさんからだ。

「高鐵台南駅めっちゃ遠くて、高速に乗っていくことに。でも桃園駅に二時三十八分着の電車になったので、なんとか間に合いそうで

新たな街へと移動する瞬間、ドキドキとワクワクが一緒に訪れる。

す。駅弁食べつつ帰ります」

良かった。こちらも高雄へ向かう車内だと返信しておく。さっきまで一緒に旅をしていたのに、片や北、片や南とまったく逆方向に進んでいるのがおかしい。考えたら、彼とは日本から一緒に出発したわけでもなかった。待ち合わせの時点ですでに台湾だったのだ。現地合流、現地解散。変な後腐れもないし、お互い気楽だ。

自分にしては珍しくサクッとホテルを決めた。三十分しか猶予がないので、だらだら悩んでいるわけにもいかない。予約ボタンをポチッと押すと、見計らったのではないかというそのタイミングで、にゃあという声が聞こえた。

あれ、猫？　幻聴かと耳を疑う。辺りを見回すと、動物が入っていそうな籠を足下に置いている乗客がいた。鳴き声の発信源はあの中らしい。

猫と一緒に台湾を南下していく。ずっこけそうになる旅の幕開けとなった。

第二章　高雄↓台東↓花蓮

（五）海だ、海だ！　と歓喜したい

高雄に到着してまず気になったのはまたしても食べ物だった。列車を降り、高架になっている長い通路を歩き、改札を通り抜けた瞬間のことだ。いい匂いが鼻孔をついた。とろけるような甘い匂い——それが駅舎の中に充満していた。

匂いのする方向へ視線を送ると、改札のすぐ脇に小さな売店を見つけた。看板に書かれた商品名を目にして、ハッとなった。「咖啡麵包」と書かれている。

その食べ物を僕は知っていた。というより、密かに大好物なのだ。同じものが台北駅の地下街で売られており、近くを通りかかる度に食べに立ち寄るほどである。まさかこんなところで再会するとは思わなかった。

咖啡麵包とは、コーヒー味の菓子パンである。見た目は半球状のドーム形。この形のパンは、日本でもまったく同じものをよく見かける。具体的な商品名を出すなら、山崎製パンの「スイートブール」のような形である。

形はあのドーム形のパンとそっくりながら、台湾の咖啡麵包はさらにお菓子テイストが強い。パンというよりは、スイーツの一種と言っていいだろうか。

なにせ、専門店なのだ。商品はこれ一種類。その場で焼いているせいで、辺りに強烈な甘い匂いが漂う。喩えるならベルギーワッフルのスタンドのような感じだ。学校帰りの女子高生あたりが喜びそうな店。匂いに誘われ、つい足を止めてしまう。

焼きたてをテイクアウトして、その場でパクついた。ひとつ二十五元と格安なのもうれしい。お代わりしたくなるウマさだったが、着いたばかりなので自制する。一人旅になっても、やはり食べてばかりだ。

台鉄高雄駅の駅舎も、これまた日本の地方都市のターミナル駅を彷彿させる造りだった。自動改札と有人改札の二種類が用意されているのを見て懐かしさを覚える。昔は日本もそうだったが、いつの間にかほぼ自動改札のみになった。

台湾での列車旅にもだいぶ慣れ、少しずつ勝手が分かってきた。たとえば切符は出るときに回収されるが、改札付近に設置されたスタンプを押せば、駅員さんに見せるだけでそのまま持って帰れるシステムになっているようだ。領収書代わりとして使えそうだし、旅の記念にもなる。今後はスタンプを押して出ようと決めた。

駅の目の前はロータリーになっており、タクシーが客待ちの列をつくっていた。一人旅だとタクシーはもったいなくて利用する気になれない。高雄には地下鉄が走っている。ホテルまでは大人しく地下鉄で移動することにした。

高雄の地下鉄はKMRTと称される。Kはカオシュンの頭文字から取ったのだろう。日本人はつい「たかお」と日本語読みしたくなるところだが、現地ではあまり通じないので、Kaohsiungと英語読みした方がいいだろう。

ロータリーの片隅にKMRTの入口を見つけた。長いエスカレーターが地下深くへと続いている。エスカレーターは右側に寄って、急いでいる人は左側を追い越していく。日本では東京は左側に寄るが、大阪では右側に寄る。些細な違いではあるが、旅しているとこういう些細な差異にいつも注目したくなる。

台湾でMRTがあるのは、台北とここ高雄だけだ。台中や台南も大きな都市だが、市内交通の列車の類はなかった。路線図を見ると、高雄国際空港駅にもKMRTは通っているようだ。そういえば高雄へは日本からも直行便が飛んでいる。

「都会へやってきたなあ……」

僕は独りごちた。高雄の人口はなんと台北よりも多いという。台中や台南と比べるとワンランクも、ツーランクも上の規模の大都市なのだ。田舎から出てきたばかりのお上りさんのような心境になった。

高雄のKMRTでは台北のイージーカードは使えない。仕方ないので切符の券売機に並んだら、手持ちの小銭がないことに気がついた。財布には五百元札が入っているが、券売機は対応していない。目的地までの運賃は二十元。咖啡麵包を食べなければ払えたが、いまさら言っても詮なきことだ。

切符を買うのに窓口へ向かうと、おやっと目をみはるポスターが貼られていた。駅員さんの制服を着た、アニメチックな女の子のキャラクターが描かれている。いわゆる萌えキャラのような絵が可愛らしい。女の子が両手でバッテンをつくり、その周りに飲み物やハンバーガーが描かれている。車内での飲食はダメ、ということだろう。罰金千五百元という記載もある。

こんなところで萌えキャラとは……ちぐはぐな組み合わせに僕は興味を覚えた。ネットで調べてみると、すぐに情報がヒットした。しかも、僕もたまに原稿を書いている日本のＩＴ系ニュースサイトで紹介記事が掲載されていた。

それによると、この少女は小穹《シャオチョン》ちゃんといって、高雄のＫＭＲＴの新しい公式キャラクターなのだそうだ。乗客のマナー啓発を目的に、「進め！高捷（たかめ）少女！」と題した萌えキャラプロジェクトを展開中らしい。

いかにも台湾らしいなあ。僕は目を細めた。

実は大企業がオフィシャルで「萌え」を活用する事例は、台湾では初めてではない。何年か前に、あのマイクロソフトの現地法人がサービスのＰＲのために萌えキャラを活用して、日本でもネット界隈で話題になったのを思い出した。またしてもやらかしてくれたわけだ。さすがは台湾。あなどれないのだ。

ホームへと降りていく途中では、小穹ちゃんに続く第二弾キャラクターとして登場した、艾米莉亞《エミリア》ちゃんのポスターも貼られていた。ドイツ人とのハーフという設定の金髪美女だ。やるからには中途半端にはせず、徹底的に世界観からつくり込んでいく。台湾の人たちのこういう突き抜けたノリには清々しさを覚えるのだった。

高雄のKMRTは南北に走る紅線《こうせん》と、東西方向の橘線《きつせん》の二路線。高雄駅からは紅線に乗り、二路線が交わる次の美麗島《びれいとう》駅で橘線に乗り換える。驚いたのは、車内アナウンスが日本語だったことだ。慣れない街だから間違えないよう緊張気味に路線図を眺めていたのだが、拍子抜けである。お陰で無事、目的地の市議會《しぎかい》駅で下車できた。駅の近くのホテルにチェックインする。

左が駅員の小穹ちゃん、右が運転士の艾米莉亞ちゃんだ。さらなる新キャラも登場したとか。

予約したのは「ＦＸホテル」という、台北や中国大陸にもある新しめのチェーンだった。ランクとしてはビジネスホテルに該当するのだろうが、内装や調度品などは洗練されており、スタイリッシュなデザイナーズホテルといった雰囲気。ロビーにはアロマの香りが漂っている。

「都会へやってきたなあ……」

ふたたび、お上りさんの心境になる。

とはいえ、こうなることを予想して選んでいたのが真相だったりする。高雄のような大都市に泊まるのなら、都会気分に浸れそうなところがむしろ気分だ。滞在する街の特色に鑑みつつ、宿泊施設を取捨選択すると案外上手くいく。お上りさんは突如としてシティボーイに様変わりするのである。

そもそも、この手のホテルは嫌いじゃない。僕が足繁く通う東南アジアでよく見かけるタイプのホテルだ。シンガポール資本なのだと聞いて納得した。真新しくてとにかく綺麗だし、設備はそこそこ整っているし、それでいて料金は手頃。当日予約で一泊約五千円だった。台湾の物価を考えると、このレベルで五千円は破格だろう。

部屋に荷物を広げ、僕は薄手の服に着替えた。高雄へ来た途端、グッとあたたかくなった。日向を歩くと蒸し暑さを覚えるほどだ。台北辺りと比べると、別の国に思えるほどの気温差がある。思わず頰がゆるむ。むふふと喜び、興奮した。

旅をしていると気候の変化に敏感になる。寒いよりは暑い方がずっといい。どこよりも南国を愛する旅人なのだ。旅の様相は高雄で一気に都会化し、南国化した。僕は早くもこの街が気に入り始めていた。


高雄へ来るのは初めてではなかった。これで通算三度目の訪問になる。

一度でも旅したことのある街は気楽だ。街がどんな構造になっていて、どんな見どころがあるか——記憶を辿《たど》っていけばいい。ある意味、予習はできているわけだ。

旗津《きしん》半島を目指すことにしたのは、そういえば高雄は夕陽の名所だと思い出したからだった。地図で確認すれば一目瞭然だが、すぐ西側は台湾海峡になっており、街は海に面している。そう、海に沈む夕陽を拝むことができるのだ。旗津半島は街の西側に突き出した砂州で、夕陽を観るならこれ以上ない立地と言えた。

幸いにもこの日の空は青く晴れ渡っていた。暑さに汗が滲むほどの快晴である。このままいけば、絶好の夕陽日和になりそうだった。

KMRT紅線の終点、西子灣《せいしわん》駅で降りた。旗津半島へ行くには、駅の付近から出ている渡し船を利用するのがポピュラーな手段だ。前にも来たことがあるので、駅からの道はすぐ分かった。

ところが、船の乗り場へ辿り着いて、僕は呆然とした。

とんでもない大混雑なのだ。船に乗るのに順番待ちの列になっている。入口から最後尾が見えないほどの長い列である。

「これに並ぶのか……」

気持ちが萎えそうになった。そうか、今日は日曜なのだ。地元の人たちが週末休みを過ごすには格好のレジャースポットなのだろう。

同時に、前回来た際の記憶が蘇った。あのときも確か週末だった。同じように船着き場には長蛇の列ができていた。あまりに並んでいるのを見て、当時の僕は船に乗るのをあきらめたのだ。そうだ、そうだ。あの日は最終的にどこかから夕陽を観たはずだが、少なくとも旗津半島からではなかったわけだ。

今回も断念しそうになった。堪《こら》え性のなさは昔もいまも変わらない。

どうしようか。迷ったすえ——ぎりぎりのところで思いとどまった。空模様から予想するに、今日の夕陽はとくに期待度が高かったことが大きい。それに、同じ失敗をまたしても繰り返すのも癪である。

せっかくここまで来たのだ、と自分に言い聞かせ最後尾に並ぶ。すぐ隣にはバイクの列もできていた。バイクごと乗船できるのだろう。そのこと自体は魅力的だが、徒歩の列よりもさらに長いのを見て、絶対にバイクでは来ない方がいいな、と思った。それほどまでに並ぶという行為が大嫌いなのである。

二艘の船がピストン運航しているようだった。五分おきぐらいにやってくるから、危惧したほど列の進みは遅くない。搭乗口まで来て、乗船料の十五元を支払った。ここはKMRTとは違い、イージーカードにも対応している。

二艘のうち、バイクごと乗れるのは一艘だけで、もう一艘は徒歩の乗客専用となっていた。なるほど、バイクの列の方が長くなっているのも納得だ。ますますバイクは避けた方がいいだろうという気になる。

こちらは徒歩の乗客専用の渡し船。進行方向左側の景色が良い。

係の人の合図で、一斉に船へとなだれ込む。どうせ乗るなら、やはり特等席を確保したいのは人情だ。座席はすでに埋まっていたが、なんとか手すり際に一人分のスペースを見つけ、そこに僕は収まった。写真を撮るなら悪くないポジションだ。

出港すると、対岸に巨大なビルが聳え立っているのが見えた。街のシンボル「高雄85ビル」だ。手前の埠頭にはコンテナ船が停泊している。港町らしい旅情を誘う光景に触発され、僕は何枚も写真を撮った。

潮風が気持ちいい船旅だ。だが、乗っている時間は非常に短い。なにせ、乗る前から対岸の船着き場が目視できるほどの短距離なのだ。あっという間に到着して、乗り込んだとき同様、下船口へとなだれ込んでいく。

船着き場を出て、人波について通りに出る。ずいぶんと栄えているなあという印象だ。両脇には食べ物の屋台や、土産物の露店が並び、縁日のような活況を呈している。さらに進むとアーケードの商店街といった雰囲気に変わった。店の軒先に魚介類を並べた、海鮮料理のレストランが目につく。立ち止まってイキの良さそうな魚に目を奪われていると、客引きから声がかかる。人力車も走っていた。インドなどで目にするリキシャーと似たタイプの人力車だ。輪タクと言うらしい。想像していた以上に観光地化されており、目をみはった。

旗津半島の地形は細長く、幅は二百メートルぐらいしかない。商店街を抜けた先はもう船着き場とは逆側の海岸沿いで、そこは砂浜のビーチになっていた。

おおっ！　海だ、海だ！

僕は鼻の穴を膨らませた。こんな光景を前にしたら、はしゃぎたくもなる。

都会のすぐ近くとはとても思えない。期待を遥かに上回る美景だった。来るまでは正直みくびってもいたのだが、なんのなんの。ちゃんとしたビーチではないか。結構広いし、夏場なら普通に海水浴ができそうなほどだ。

僕は屋台でタピオカミルクティーを買って、それを片手に砂浜へと突入した。本当はビールでも飲みたいところだが、売っているところが見つからなかったので、とりあえず甘いもので代用である。

波打ち際の近くの砂地に、靴を脱いでドスンと座り込んだ。目の前は海。手が届く距離に海がある。これで文句を言ったら罰が当たりそうな最高のロケーションだ。ざざーっ、ざざーっと波が打ち寄せている。海だ、海だ！　僕はさらに興奮した。

みんな思い思いの時間を過ごしている。これぞ憩いの場といったピースフルな場の空気に触れ、心が丸くなっていく。水遊びをしている子どもたちや、愛を語り合うカップルなどなど。彼らを横目にしつつ、ストローでミルクティーの中のタピオカを吸い込むと、口の中がほんのりとした甘みで満たされた。

陽が陰り始め、暑さがやわらいでくると、潮風がややつめたく感じられるようになってきた。見計らったわけではないのに、結果的に日没前のちょうどいい時間に訪れることができたようだ。太陽は高度を下げるにつれ、その大きさを徐々に増していく。そうして、さっきまで青かった空をグラデーションのように色染めていく。

旅に出ると、日常生活を送っているときよりも、時間の流れや、自然の流動性に真摯に向き合いたくなる。太陽のありがたみを再認識させられる。夕陽の美しさというのは、ロマンチックなんてベタな言葉だけでは片付けられない。観る者の心をわしっと摑み、ぐるんぐるん揺さぶってくるのだ。圧倒的な存在を前にして、己の過去の愚かさを懺悔し、未来を前向きに生きようという活力が湧いてきたりもする。

一人旅になった途端、つい物思いに耽ってしまった。でも近頃は、たまにはそういう時間も必要なのだと、ようやく思えるようにもなってきた。

「シャッターを押してもらえませんか？」

突然声をかけられ、振り向いたら若いカップルが笑顔で立っていた。最初は英語だったが、こちらが日本人だと分かると、片言の日本語に切り替えてくれた。

はいはい、撮りますよ。逆光にならないよう露出を調整し、シャッターを押す。一枚だけでなく、二枚も三枚も撮ってあげたら大喜びしてくれた。

この写真はＳＮＳにでもアップして誰かに自慢するのだろうか。あるいは、二人だけの思い出として秘蔵となるのだろうか。まあ、どちらでも自分には関係はない。なんだか微笑ましい二人だった。いいなあ、と純粋にうらやましさが募る。

誰かにこの感動を伝えたくなった。唐突に思いつき、僕は自分のカメラで撮った夕陽写真をＷｉ－Ｆｉ機能でスマホへいったんコピーし、厳選した一枚をメールで奥さんのスマホへ送ってみた。彼女は今回の旅には同行できず、東京で留守番している。テキストのメッセージは一切書かずに、夕陽の写真だけを無造作に送信。

すると、すぐに返信があった。真似したのか、向こうも本文なしの写真だけ。お寿司の写真だった。うむむ、そうきたか。

夕食をとるべく、いったん市内に戻ることにした。お寿司の写真に触発されたわけではないが、そろそろお腹も空いてきたのは事実だった。あまりのんびりしていると、帰りの船がまた混みそうなので、夕陽が沈み切ったのと同時に踵を返した。

乗船するために並んでいると、僕のすぐ目の前で係員にロープを張られた。

「はい、今回はここまで。次の船を待ってくださいね」

なんという不運。でも、次の船に一番乗りできるのだと気持ちを切り替える。夕陽の偉大さを見せつけられ、たかが行列に悪態をついていた我が身を反省したばかりだ。

対岸へ辿り着くと、ホテルへは戻らずにそのまま食事探しに出かけることにした。ＫＭＲＴに乗り、美麗島駅で降りる。ここでちょっと寄り道。実はこの駅は駅そのものがひとつの観光名所になっているのだ。

そもそも、駅の名前からしていい。美麗島という漢字の字面も、ちょっとズルイぐらい洗練されている。ここはなんと、「世界で二番目に美しい駅」だという。「世界一」ではなく、「二番目」というところが控えめで奥ゆかしいが、格付けしたのはアメリカの某旅サイトらしい。

実際に目にすると、確かに美しいなあという感想を持つ。注目すべきは、ドーム状の屋根だ。三百六十度の円形のステンドグラスになっていて、色彩の豊かさに目を奪われる。まるで美術館のようなのだが、地下鉄駅というところがおもしろい。

屋根のすぐ下は改札になっており、乗客が出入りしているが、急いで通り過ぎず足を止めて写真を撮っていく人が目につく。ステンドグラスの直径は三十メートルもある。写真を撮るにも、手持ちの二十八ミリのレンズでは、目いっぱい引いたところでとても全景が収まり切らないほどだ。

ステンドグラスを制作したのはイタリアの著名な芸術家。さらには階段を上がって、地上への出口となる部分の建物にも工夫が凝らされている。全面ガラス張りで流線形の山のような形をした建物。こちらは日本人の建築家・高松伸氏の手によるものだ。

文字通り美麗でアート作品のようなこの駅を出てすぐのところに、昔ながらの雑然とした賑わいが広がっている。無数の屋台と、食べ物の匂い。裸電球の明かりが灯る中を、人々が行き交う。「六合《ろくごう》夜市」である。美術館からローカルな市場へ。あまりに対照的な景観の変化に戸惑ってしまう。

夕食をこの市場でとろうとやってきた。昨晩、台南の花園夜市で受けた衝撃は、台湾の夜市を見直すきっかけになった。あの感動をもう一度、ということで高雄でも夜市を攻めようと思い立ったのだ。

世界で二番目に美しい駅へ。個人的にはここが一番でもいいと思う。

六合夜市は高雄最大の夜市である。ビルとビルに挟まれた一本の大きな通りに沿って屋台が立ち並び、いかにも都会の夜市といった風情。やはり、食べ物の店が多い。買い食い向けの気軽なスナック類を売る店から、テーブル席に座って食べられる店までさまざまだ。優柔不断なので、選択肢が多すぎると目移りしてしまう。

キョロキョロしながら先へと進んでいく。どこで食べるかをなかなか決められない。夜市の端から端まで物色しながら一通り歩いてしまった。どこも美味しそうなのだが、なんというか決め手に欠けるのだ。これだ！　とピンとくる店はひとつもなかった。

どうしても比較の目で見てしまう。台南のあの強烈な夜市を体験した後だと、六合夜市は良くも悪くも普通すぎて、物足りなく感じられるのが正直なところだった。

結局、適当に食堂風の店に入って、魯肉飯と大根スープを頼んだ。お値段はしめて六十元。美味しかったが、リスペクト候補に入るほどの感動はなかった。これぞスタンダードな台湾の味。決して外れではないものの、新しい発見はない感じ。

まあ、いい。今日はほかにウマイものをたくさん食べた。というより、長い一日だったなあ。お昼頃までは台南にいたのだ。もう、へとへとである。

最後の力を振り絞って歩いてホテルへの帰路につく。夜市の逆側の端っこまで来てしまったので、駅に戻ってＫＭＲＴに乗るよりも、このままてくてく徒歩で向かう方が近そうだった。こういうときでもタクシーには頼らないのはせめてもの抵抗である。

明日はどうしようか。高雄のホテルは一泊しか予約していない。高雄から先、どこをどう回って台湾を一周していくか。できれば今後の予定を検討したいところだが、眠気には勝てなかった。部屋に帰り着くなり、ベッドに倒れ込んだ。そのままシャワーも浴びずに眠りについたのだった。

(六) ノーシートなんて言わないで

旅行中は一日のサイクルが健康的になる。翌朝は六時頃には目が覚めた。普段の自分からしたら快挙と言えそうな早起きだが、頭はスッキリしており、体は軽い。やはり、早起きのコツは早寝だなあと思った。人間、必要な睡眠時間というのはだいたい決まっている。夜更かしすればするほど翌日に響くのだ。日本での生活リズムがいかに怠惰なものであったかを身をもって知らされる。

シャワーを浴びて歯を磨き、着替えたらさっそくホテルを出た。朝ご飯は狙っている店があった。「興隆居」という老舗の名店だ。前に一度来たことがあり、そのときのいい思い出が強く残っている。ホテルからは少し距離があるが、朝の散歩がてら歩いて向かった。太陽はまだ低く、暑すぎず寒すぎない過ごしやすい陽気。

台湾に来てからもう四日目なので、なんとなく予想はしていたのだが、店はこんな朝っぱらだというのに激しく混雑していた。美味しい店には人が集中する。台湾でグルメ旅をするなら行列は避けられないのだった。

この店の名物は湯包《タンバオ》、肉まんである。列に並ぶ前に、店の外構えを写真に撮っていると、店員のおじさんに手招きされた。軒先に積まれた蒸籠の蓋を取って、中を見せてくれる。撮っていいよ、ということらしい。サービス精神旺盛なおじさんだ。

大きめの蒸籠には肉まんがぎっしり詰まっている。その数、二十個は下らないだろうか。小籠包などと違って肉まんは個々のサイズが大きいので、眺めは壮観だ。カメラを構え、肉まんの寄りを撮ろうと近づくと、湯気がもわっとしてレンズが一気に白く曇った。そのままパシャリ。こういうのはありのままを写した方がいい。

トレーを持って列に並び、順々にお目当てのメニューを注文していく。肉まんに加え、蛋餅と冷たい豆乳を頼んだ。最後に会計を終えたら、店内のテーブルへ。台湾ではよくあるキャッシュオン方式の朝食店だ。

比較的大きな店内のテーブル席が、あらかた埋まっている。仕方ないので、相席をさせてもらった。ざっと見たところ、僕のような観光客は一人もいない。地元の人たちと椅子を並べて食べる朝ご飯。ロコを気取って豪快に食らいついた。

「日本人ですか？」

向かいに座っていた女性と目が合った。自分では地元民になりすました気でいたが、アッサリばれてしまったらしい。そりゃあ、分かるよね。東京の飲食店でも、台湾をはじめ近隣アジア諸国からの観光客をよく見かけるが、やはり一目で日本人と区別がつく。顔つきこそ近いものの、お互い微妙な違いは認識しているというわけだ。

「このお店、美味しいですね」

女性にそう返すと、ニッコリ微笑んでくれた。テーブルに置いたスマホを見ながら、慣れた手つきで食事をしている。食べるスピードは妙に速い。身なりから想像するに、ＯＬさんといった感じだ。ニュースでもチェックしているのだろうか。

ローカルの風情が漂う店ながら、周囲は高層ビルに囲まれた都会である。きっとこれからオフィスへ出勤するのだろう。同じものを観光気分で暢気に頬張っている自分が、なんだか申し訳なくなってくる。今日はもう月曜日なのだ。

別に特権階級のような身分であるはずもない。こうして旅をしているいまも、締め切りの呪縛からは逃れられず、実は心懸かりとなっていた。ノートＰＣは持参している。どこかのタイミングで原稿を書かねば

美味しい店には人が集まる。それが台湾を旅して知った暗黙の了解。

ならないのだ。旅行中ぐらい仕事のことは忘れたいのはやまやまだし、ときには忌々しい気持ちにもなる。でも、自分で選んだ道なので誰かに文句を言うわけにもいかない。まあ、いつものことだ。

というわけで、意を決して、午前中は少し仕事をすることにした。

どこでやろうかな。ホテルに戻ってもいいが、どこか手頃なカフェがあればその方がベストだ。グーグルマップで「Ｃａｆｅ」と入力して現在地付近を検索してみる。すると、地図上に見慣れた店名がマッピングされた。「ＤＯＵＴＯＲ ＣＯＦＦＥＥ」という表示。そういえば台北で何度か店舗を見かけたことがある。我らがドトールコーヒーは台湾にも出店しているのだ。

僕は普段日本でもカフェで仕事をすることが多い。事務所用に借りている部屋もあるのだが、いかにも引き籠もりという感じがして気が滅入るから、あえて積極的に外出するようにしている。その際、最もお世話になっているのがドトールコーヒーだ。安くて、タバコが吸えて、何よりどこにでもあるのがいい。東京だけでなく、国内取材で地方へ遠征したときにもだいたい見つかる。台湾にもあるほどなのだ。

僕に限らず、モノカキには同店の愛好者は少なくないらしい。あるテレビ番組で、某小説家がインタビューを受けていたのだが、「今回の新作はドトールで書き上げました」と胸を張っていたのを観て、仲間意識を抱いたりもした。

僕もこれまでの著作の多くを同店で執筆してきた。トータルしたら数十万字は書いたと思う。もはや依存症である。それがあったらどこの支店でもコーヒーが飲み放題になる年間パスポートのようなものを販売して欲しいぐらいだ。

これも何かの縁と、僕は地図を頼りに高雄のドトールコーヒーを目指すことにした。ところが到着すると、その店はすでに閉店してしまったようで、看板跡が残されているのみだった。あらら、残念。悔しいので、少し遠いけれど別の支店まで行ってみたら、なんとこちらもクローズ。むむむ。台北にはいまもあるはずだが、高雄からは撤退してしまったのかもしれない。

結局、別のファストフード店で妥協した。ちなみにいま書いているのはベトナムの旅行記だ。ベトナムも台湾に匹敵するほどの美味しい国だった。東南アジアの中では個人的にナンバーワンのグルメ大国と言えるかもしれない。

どこへ行っても食べてばかり。我ながら食い意地が張りすぎだなあと、改めて呆れてしまうのだった。

チェックアウト時間ぎりぎりにホテルへ戻った。依然として今後の予定は決まっていない。

さて、どこへ行こうか——想いを巡らせてみる。

実はかねてより行きたいところがあった。離島である。台湾を一周するなどと言いつつ離島というのも趣旨に反する気がしないでもないが、細かいことは言いっこなしだ。行きたいものは行きたいのである。

その離島の名は、馬祖島《ばそとう》という。

知ったきっかけは、台北の桃園空港内に掲げられた写真パネルだった。台湾各地の名所を紹介するパネルの中に、目を引く絶景写真が混じっていたのだ。海に面した小高い丘の斜面に、古めかしい民家が並んでいた。ヨーロッパの海沿いの田舎街のような瀟洒な風景が気になり、パネル下に書かれていた地名をメモにとった。以来、我が「行きたいリスト」に長年にわたって君臨している。

台湾だから行こうと思えばすぐ行けるし……と放置していたのだが、近いがゆえにむしろなかなか訪れる機会はなかった。今回の旅は絶好のチャンスで、これを逃すとまたしばらくお預けになりそうな気もした。あの写真で見た景色のほかには、なんのとっかかりもないし、予備知識はゼロだ。けれど、だからこそワクワクする展開が待っているに違いないと、都合のいい妄想も抱く。

一冊だけ持ってきている台湾のガイドブックを取り出して目次から探してみた。北部、南部、東部とエリアごとに章立てされており、離島の情報をまとめた章もあるのだが、なぜか馬祖島は載っていない。

おかしいなあと、巻頭の地図を開き確認すると、さすがに所在する位置に島の名前は記載されていた。けれど名前のみで、ノンブル（ページ番号）はなし。つまり馬祖島は扱っていないということだ。

このガイドブックでは、蘭嶼《らんしょ》や緑島《りょくとう》といった、あまり聞き馴染みのない名前の島もカバーしている。台湾全土を扱う日本語のガイドブックとしては恐らく最も情報量の多い一冊だと思うが、そんな本にも載っていないとなると、馬祖島のマイナーぶりが窺い知れるのだった。僕の周りの旅仲間には世界中の辺境を旅しまくった強者が少なくないが、そういえば彼らからも馬祖島の話なんて聞いたことがない。

かくなるうえは、頼りになるのはネットだ。検索してみると、いくつか情報がヒットした。ただし、日本語での記載は驚くほど少ない。定番のウィキペディアや、台湾政府観光庁のサイトのほか、島の歴史を紹介するページなどが上位に表示されるが、一般の旅行者が島を実際に旅した旅日記のようなものはほとんど見つからない。参考になりそうなのは、某旅メディアが取材で島を訪れたレポートぐらい。

ただ、ネットをくまなく見ていくうちに、島への行き方はなんとなく分かってきた。国内線の飛行機が台北から出ているらしい。船の便もあるが、本数が少なく時間もかかるので現実的ではなさそうだ。

僕は少し安心した。どんなに辺鄙《へんぴ》なところであったとしても、飛行機があるのならば訪れるのは楽勝だからだ。フライトスケジュールを調べると、立榮《りつえい》航空という航空会社が毎日三便も飛ばしているのだと分かった。立榮航空は僕が今回台湾へ来る際に乗ったエバー航空の子会社である。

立榮航空のサイトはすべて中国語で、日本語はおろか、英語メニューすら用意されていないというローカル仕様だった。とはいえ、漢字なのである程度は推測できる。台北の松山空港と、馬祖島の北竿《ほくかん》空港間を結ぶフライトの発着時間までは判明した。

サイト上では席を予約してクレジットカードで航空券の決済まで行えそうだったが、入力画面になったところで断念。名前や住所などを打ち込むのだろうが、言葉がまったく分からない状況でこのまま適当に進めて失敗するのは避けたい。

ここで僕はある作戦を思いついた。高雄にも空港がある。台北ほどではないが、台湾第二の都市なのだから当然国内線の便も多数発着しており、立榮航空のオフィスもあるだろう。ならば高雄の空港まで出向いて情報を収集するのは妙案ではないか。場合によってはチケットを手配してもいい。

空港まではKMRT一本で行けることも後押しした。わざわざ出向くのは時間の無駄のようだが、手軽な距離なので実際にはロスはあまりない。

KMRTの車内でもさらなる情報収集に努めた。飛行機はいいとして、問題は泊まる宿だ。政府観光庁のサイトに宿のリストが載っていたが、僕が行きたい馬祖島の北竿にはわずか二軒しかないようだ。こういう小さな離島レベルになると、予約サイトでは太刀打ちできるはずもない。行ったところで、宿がないと途方に暮れる。夏ならキャンプしてもいいが、真冬のこの時期にはさすがに無理がある。

仕方がない。僕は電話をかけてみることにした。空港最寄り駅で列車を降り、通路を歩きながらリストに載っていた宿の番号を押す。

トゥルルルル——ガチャ。おっと出た。

英語は話せますか？　まずは恐る恐る訊いてみる。

「オーケー」との返事。良かった。第一関門クリア。

部屋の予約はできるかを確認する。すると、「今月ですか？」と逆に質問された。はい、今月です。というより数日以内の話なのですが……。

「今月は宿を閉めているんです。実はいま旅行中なんですよ」

がーん、そうなのか。第二関門で躓いた。個人経営のゲストハウスのような宿らしい。そういう宿だとオフシーズンは自分たちも旅に出るというオーナーは珍しくない。

電話の相手は「ソーリー」と申し訳なさそうに言った。いえいえ、ありがとうございました とお礼で返して電話を切る。

続いて、ダメ元で二軒目にも電話をしてみた。

トゥルルル――、トゥルルルル――、トゥルルルル――おや、出ない。

不在なのだろうか。最初の宿がやっていないぐらいだから、ここも期待薄ではある。あえなく玉砕。気分が盛り上がっていたせいでかえって徒労感が強い。

それでもせっかく来たのだからと、空港内を見て回った。立榮航空をはじめ、各社のカウンターが並んでいる。行き先とフライト時間が掲げられ、その下に「Seats Available」と書いてある。金門島や澎湖《ぼうこ》島といった離島行きの便がほとんどだ。Seats Available、すなわち「空席あり」というわけだが、なんと今日の便はすべて空席があるようだ。空港内は閑散としているし、むしろガラガラという雰囲気だ。

国際線と違って国内線だから、当日でも空席さえあればチケットが購入できるのだろう。というより、わざわざ予約せずとも余裕で乗れそうである。

ならば、いま急いで決めなくてもいい。どのみち馬祖島へ行くにはいったん台北へ戻らねばならないのだ。宿も確保できていないことだし、もう少し情報を集めつつ、追って計画を練ることにして、僕は高雄の空港を後にしたのだった。

大して進展のないまま市内に戻ってきた。この行ったり来たりの間、同時に今日の予定も考えていたのだが、とりあえず高雄は出て先へ進むことに決めた。

一都市、一泊でサクサク移動した方が、いろんな街を楽しめる。短期旅行ばかりしているせいか、忙しない旅が染みついているのかもしれない。時間の許す限り、つい欲張りたくなる。一箇所に落ち着いてのんびりするような旅は自分には似合わない。

高雄から東へ進むとなると、次の目的地候補として挙がるのは――。台東《たいとう》である。途中にも小さな街はいくつもあるが、どこもいまひとつ決め手に欠けた。なにより、台東には心惹かれるものがあった。正確には台東ではなく、そのすぐ近くにある知《ち》本《もと》という場所に僕は関心を募らせていた。

そこにはなんと、知本温泉という、山里の温泉街があるのだという。

温泉かあ、悪くない。いや、ぜんぜん悪くない。

秘湯でぬくぬくとあったまって、風呂上がりに台湾ビールを飲んでぷはーっとする。うおお、最高。想像しただけで、頬のにやつきを抑えられない。

方針が定まったら、さっそく出発である。

荷物をピックアップして、再びKMRTを乗り継ぎ、台鉄高雄駅へやってきた。切符売り場はフォーク式の列になっている。僕の番が来て、窓口で台東行きを一人お願いしますと伝える。すると、駅員のオジサンは神妙な表情を浮かべてこう言った。

「ノーシート」

えっ、満席ってこと？ 予期せぬ展開である。僕が戸惑っていると、オジサンは画面に「351」という数字を表示させた。運賃らしい。あれ、なんだ席はあるのか。僕が聞き間違えたのだろうか。よく分からないまま指定された金額を支払うと、切符を渡された。ちゃんと高雄発、台東行きの自強號と書いてある。

ところが、ホッと一安心したのも束の間だった。手にした切符をいま一度見直して、不穏な文字に気がついたのだ。

無座——そう書かれている。

読んで字のごとくだろう。ノーシートとは、席は無いという意味だ。席は無いけれど、乗車することはできる。

ネットで調べてみると、果たして想像通りだった。自強號は全席指定席らしく、無座の切符だと席は存在しないことになる。いざ乗ってみて空いている席があったら座ってもいいが、その座席の切符を持った人が乗り込んできたら譲らなければならない。要するに、基本は立ったまま乗っていくということである。

フッと頭をよぎったのは、台中から台南へ行くのに乗った列車の光景だった。切符で指定された座席へ行くと、そこには先客がいた話は書いた。あの人たちは、恐らく無座の切符で乗り込んでいたのだろう。なるほど、ここに来て謎が解けた。

どんよりとした気持ちが湧いてくる。台東までは二時間半もかかるのだ。もしずっと立ちっぱなしになったら……考えただけで憂鬱になる。馬祖島のホテル予約でも玉砕したし、今日はなんだか振るわない。ここにきて旅が空回りし始めた。

駅の中のマクドナルドに入り、一人で作戦会議。といっても、できるのはネットで情報を集めることぐらいだ。無座を体験した人の

大きな駅だが駅舎は地味な印象。駅前には牛丼の吉野家もあった。

ブログを読むと、やはりなかなかの試練なのだと分かり、さらに嫌な汗が出てくる。

ネットは情報の宝庫だ。台湾を列車旅する日本人は少なくないようで、ちょっと調べただけで瞬く間に新情報が発覚する。

とくに個人的に注目したのは、台鉄の特急や急行列車はネットで事前予約ができるということだった。それは不思議なことではない。日本だって、いまや列車の切符なんてネットで予約するのが当たり前である。日本どころか、たとえば悪名高いインドの列車や、ロシアのシベリア鉄道でさえネット予約に対応しているし、僕もそれらの国々で実際にネットで予約して列車に乗車した経験がある。

にもかかわらず、僕はそんな初歩的な事実に頭が回っていなかった。直前に買おうとするから、無座などという悲しい結末が待っているわけで、駅へ来る前の時点でネットで空席を調べるぐらいのマメさは発揮すべきだったのだ。

いまさら悔やんでも後の祭りだが、念のため台鉄の予約サイトを開き、今日の台東行きをチェックしてみた。サイトは古臭いインターフェイスながら、日本語にも対応しており分かりやすい。

悪あがきはしてみるものである。僕が持っている切符の次の列車には、まだ空席が残っていたのだ。見つけた瞬間、ガッツポーズを決めたくなった。

ただ、問題も浮上した。

まず、その列車に変更した場合、出発までさらに一時間以上待たねばならない。高雄まで南下してくる間は列車の本数が多く、それこそ十数分おきというペースの台鉄だが、高雄から先になるとグッと本数が減るようだった。同じ台湾でも東部は新幹線も走っていないし、田舎の度合いが強まるということか。

次に、その空席のある列車は自強號ではなく、「莒光號《きょこうごう》」であることも懸案事項だった。これは急行らしく、特急の自強號よりも細かく停車する。高雄から台東までの所要時間は自強號が二時間半なのに対し、莒光號では三時間半もかかる。出発が一時間遅く、乗っている時間も一時間長いということは、トータルで二時間も違う計算になる。台東到着が遅くなるのは避けられないのだ。

僕は逡巡した。ここまで来たら、とっとと移動したい気持ちは強い。かといって、立ったまま乗っていく勇気や根気も湧いてこない。

悩んだすえ、僕は楽な道を選んだ。

スマホでひとまず莒光號の席を押さえ、窓口へ行ってその画面と元々持っている切符を見せて変更をお願いした。アッサリ変更後の切符が発行され、差額も返金してくれた。莒光號だと二百七十九元で、少しだけお得だ。

後に旅行記に書くことを考えたら、ここはやはり無座に乗った方がドラマチックな展開になるのだろうなあという自覚はあった。ネタは多ければ多いほどいいに決まっている。仮にも旅行作家を名乗っている者としては、苦渋の選択を迫られたわけだが、同時にこうも考えた。

——旅行記を書くために、望まない選択をするのもなんだか違うのではないか。

——それって、見方によっては「ヤラセ」と変わらないのではないか。

同じシチュエーションに置かれたとして、あくまでも取材と割り切って、果敢に茨の道へ挑む同業者もきっといるだろう。その気持ちは理解できなくもないが、自分は違う。結果的には原稿に書くのだとしても、なるべくそういう嫌らしいことは考えずに、自然なりゆきにまかせたいのだ。

少なくとも、この旅は自発的に志した旅である。誰かに強制されたわけでもないし、別にしがらみもなにもない。自分の意志に背いてまで行動しなければならないのなら、旅をする意味さえ見失ってしまう。

と偉そうなことをつらつらと書きつつも、要するに言い訳である。

ハッキリ言おう。無座は嫌なのだ。

苦行はできるだけ避けたいのが我が旅における信条である。なんてヘタレなんだと罵られたとしても一向に構わない。多少遠回りになったとしても楽ちんな方がずっといい。

列車が高雄を出発したのは十七時過ぎだった。すっかり出発が遅くなってしまったが、まだぎりぎり車窓は明るい。椰子の木がにょきにょき生い茂った、南国らしい景観が続く。台北や台中辺りと比べると、やはり別世界だ。

高雄を出て最初の大きな停車駅は屏東《へいとう》である。ここは以前に降りたことがある。駅前からバスに乗り換えて、内陸部を目指した。この辺りの山岳地帯には、パイワン族やルカイ族といった台湾の少数民族が暮らしていて、彼らの村を訪れたのだ。

確か、三地門《さんちもん》という名前の村だった。

ラッキーなことに、その日は村の役所で小さなお祭りが開かれていた。アメリカからナバホ族のご一行がやってきて、少数民族どうしの交流会だという。

まったくの部外者にもかかわらず、急に現れた闖入者《ちんにゅうしゃ》である僕たち（そのときは夫婦旅だった）を村の人たちは歓迎してくれた。村長さんの部屋に招かれ、ミス・パイワンの美女と一緒に記念写真を撮ったりもした。心根のやさしい人たちばかりで、世界一素敵な村なのではないかと感心させられたのが懐かしい。

いまから三年前のことだ。皆さん、元気にしているだろうか。

ふと屏東駅で降りたくなったが、じっと堪える。同じ国を何度も旅していると、思い出がどんどん折り重なって広がりを見せていく。確かにここへ来たのだという証となり、やがてそれは自分だけの宝物になる。

屏東を過ぎると、車窓の風景はぐんぐん殺風景なものに変わっていった。民家は数えるばかりになり、手つかずの自然がどこまでも続く。携帯の電波もときおり圏外になるほどで、自分が辺境にいることを否が応でも実感させられる。

一時間も走ると、日没が迫ってきた。空はみるみる暗くなり、まもなく車窓はブラックアウト。街らしい街はほとんど通過しないせいか、明かりは乏しく、真っ暗で何も見えない。流れゆく景色を楽しめないとなると、列車の旅は一気に退屈なものとなる。飛行機の移動に味気なさを覚えるのとも似ている。夜の列車旅は鬼門だ。窓の外の漆黒の闇に悪態をつきたくなるが、列車を遅らせた時点でこうなることは織り込み済みなので、あきらめて本を取り出し読書タイムとしたのだった。


台東に到着したのは、間もなく二十一時になろうかという時間帯だった。列車はここで終点らしく、すべての乗客がホームへ降りたが、最後まで残っていた客は驚くほど少なかった。高雄で乗ったときには満席に近かったはずだが、みんな途中駅で降りてしまったのだろうか。

駅は寝静まっており、改札の辺りも閑散としている。なんだか全体的に照明が乏しく、一言でいえば暗い。駅前には商店のひとつもなく、ド田舎の無人駅に降り立ったような寂しさが漂う。台湾東部では最大と言われる都市の玄関口とはとても思えない光景に僕は狼狽えた。

ともあれ、市内へ移動しよう。改札を出た付近に黄色い車体のタクシーが待機していた。その数、わずかに三台。ほかには乗用車が何台か停まっていて、一緒に列車を降りてきた人たちが続々と乗り込んでいく。出迎えに来たのだろう。バスは見当たらないから、待ってくれている人もいない僕のような旅行者は問答無用でタクシーに乗るしかなさそうだ。

車の前でタバコをふかしていたタクシー運転手と思しきお兄さんに声をかけ、トランクを開けてもらう。お兄さんの荒っぽい動作にギョッとする。目が合うと、乗るように促された。あれ、なんだか顔つきが……浅黒く、彫りが深い。一般的な台湾人とは明らかに違ったルックス。台東は原住民族の人口比率が高いと聞いていたが、このお兄さんもそうなのだろうか。

お兄さんはアクセルを踏み込み、ぐんぐんスピードを上げていく。まるで高速道路を走っているかのような暴走に呆気にとられた。対向車とはほとんどすれ違わない田舎道とはいえ、事故ったらタダでは済まなそうだ。

そんなスピード狂ぶりを発揮しながらも、お兄さんは器用にもスマホでＬＩＮＥをチェックしている。かと思ったら、突然どこかに電話をかけ始めた。車内に大きな声が響き渡る。車載モニタではテレビが映しっぱなしで、お兄さんは話しながらテレビ画面にもちらちら視線を送っている。忙しそうな運転手だ。

電話を終えると、今度はタバコを取り出して火をつけた。振り返り、後部座席でびくびくしていた僕にも一本勧めてくる。悪いお兄さんではなさそうだ。「謝謝」と礼を言ってそれを頂戴しつつも、頼むから前を見て運転に集中して欲しいと念を送った。

中心部へ入ると、街はさすがにそれなりに夜の賑わいを見せていた。とはいえ、一番の目抜き通りでさえ道幅は狭く、高い建物もほとんどない。こぢんまりとした街だなあ、というのが台東の第一印象だ。高雄からやってきたせいで余計にそんなふうに感じられるのかもしれない。

ホテルは通りから一本入った路地に面していた。到着すると、運転手は降りてきてよっこいしょとトランクから僕の荷物を取り出してくれた。別れ際には人懐っこい笑みを浮かべていたのが印象に残った。ぶっきらぼうなお兄さんだったが、決して悪人ではなかったようでホッとする。無事に辿り着けて良かった。

カバンのキャスターをごろごろ転がしながら、ホテルのフロントへ入っていく。少し前に列車内からスマホで予約したばかりだが、名前を告げるときちんと部屋が確保されていてすぐにチェックインできた。

そういえば、今回ホテルのネット予約で気になったことがあるので書いておく。

予約サイトに載っていた情報では、ホテル名や住所などが親切にもすべて英語表記になっていたのだが、漢字の国だとあれは逆効果だと思った。とくに住所が英語のみなのは致命的で、最初は運転手に見せても通じなかったほどだ。ホテル名から別途検索して、中国語の情報を探すという二度手間となった。台北や高雄といった都会ならともかく、台東レベルの街になると英語よりも、たとえ読めずとも漢字の方がいい。

「旅行家商務會館」という名のホテルだった。予約サイトでは「Traveler Hotel」と記載されていたが、無理矢理訳した感は否めない。

建物は古びているものの、ホテルの中は比較的綺麗に清掃されていた。部屋は一通り設備が整い快適だし、Ｗｉ－Ｆｉの繋がり具合もこの手のホテルにしては珍しいぐらいいい。これで一泊約四千円はお値打ちかもしれない。

すっかり遅くなってしまったが、せめて晩ご飯だけでも食べに行きたかった。台東のようなマイナーな街になると、ガイドブックにもあまりめぼしいレストランが紹介されていない。パラパラ見てみると、いちおう何軒か掲載されてはいるのだが、どこももう閉店時間を過ぎている。いま欲しいのは夜遅くまでやっている食事どころの情報だが、ネットで探すのも面倒だった。

フロントで訊いてみることにした。応対してくれたのは、僕と同年代ぐらいの女性だった。

その顔つきは、先ほどの運転手同様、明らかに一般の台湾人とは異なる。やはり原住民族なのだろうなあ。どこか別の国へやってきたような不思議な気持ちになる。

お姉さんは、何気なく質問したこちらが恐縮してしまうほど親身になってくれた。ホテルの近くの大通りへ一緒に出てきてくれ、道案内までしてくれたのには心底感激した。台湾の人たちは基本的に皆やさしいが、田舎へ来ると輪をかけて親切になる。

「この時間だと……あそこのフライドチキンの店か、その向かいのホットポットの店がいいかしら。あ、ホットポットって分かりますか？」

しかも、流暢な英語で二度たまげる。ホットポット、すなわち鍋のことだろう。フライドチキンよりは断然、鍋がいい。僕は教えられた店で食べることにした。

二十畳ぐらいの小さな店のテーブル席では、制服を着た従業員と思しき若者たちが食事をしていた。僕が入ってくるのを一瞥すると、箸を置いて席へ案内してくれた。まかない飯の時間にお邪魔する格好になったようで、申し訳ない。

各テーブルにはコンロが備え付けで、火力を調整するつまみがついている。日本で言えば焼き肉屋さんのような感じだ。メニューはほぼ鍋のみ。最もスタンダードな海鮮鍋で百十元と手頃な料金。どうせならと、一番高い「XO海鮮鍋」というのを注文した。これでも百五十元。物価の安さに顔がほころぶ。

店員の若者にビールがあるか訊いてみる。少し間を置いて「イエス」との答え。一本かと問われたので頷くと、なぜか店の外へ出て行って、しばらくしたらビール瓶を手に戻ってきた。すぐ近くにはセブン－イレブンがあったなあ。たぶん、買ってきてくれたのだろう。我が儘な客で、さらに申し訳なくなった。

あらかじめ具材がすべて投入された状態で鍋が出てきた。それをテーブル備え付けのコンロに載せ、火をかける。ビールをちびちびと飲みながら、煮えるのを待つ。ご飯はセルフサービスになっているようで、大きな炊飯器のほか、その周りにはたれや調味料といった味付けグッズ一式と小皿が店の一角に積まれていた。台湾で鍋を食べるのは初めてだから、色々と新鮮で勉強になる。

店内にはほかに何組か先客がいた。地元の若者たちが、夜遊びがてら食べにきたという雰囲気だ。さすがに鍋だからか、僕のように一人の客がいるわけもない。

一人旅で鍋を囲むのは侘しさも募る。でも美味しいなら不満なし。

「ぼっち鍋、か……」独りごちる。

まあ、やむを得ない。たまにはこういうのもアリだろう。

そういや、今日の午前中に取り組んでいたベトナムの原稿でも、鍋の話を書いたばかりだった。ベトナムでは鍋のことを「ＬＡＵ」と言う。キノコ鍋や蟹鍋など種類が豊富で、あれこれ食べ歩いたのもいい思い出なのだが、台東に来てまさか鍋に巡り合うとは、偶然にしてはできすぎている。

それにしても具だくさんな鍋だった。海鮮鍋と言いつつちゃっかり肉も入っているし、野菜もたっぷり。ＸＯ醬の味付けも僕好みで、ビールを飲んでいるにもかかわらずご飯を三杯もお代わりしてしまった。

満腹満腹、満足満足。食べ物の力は偉大だ。今日はあまりパッとしない一日だったが、最後に一気に取り返したようで、我がご機嫌指数が急上昇する。南国気分だった高雄と比べると、北上してきたせいか台東ではまた肌寒さを覚えるようになった。それゆえ、あたたかい鍋のありがたみは殊更大きい。

軽い足取りでホテルへ戻った。このぶんだと、明日の温泉も期待できそうだ。

（七）風呂より団子？

海外だけでなく、日本国内も積極的に旅している。そう言うとたまに驚かれる。海外旅行が好きな人ほど国内旅行をしないからだ。分け隔てなく両者を愛するというタイプももちろんいるけれど、そういう人は僕の周りを見る限りでは少数派だ。海外旅行好きと国内旅行好きでは、根本的に層が違うのではないかと感じている。

海外旅行しかしない人たちの主張も分からなくはない。彼らは外国であることに特別な意味を見出すのだ。異文化に触れたい、日本では味わえない体験をしたいといった動機には不自然さがない。国内旅行の方がやはり地味なイメージは強く、同じお金と時間を費やすなら海外となってしまうのもやむを得ないだろう。

ただ、そういう海外旅行派の人たちも、行き先が温泉となると途端に目の輝きが変わるのはおもしろい。同じ国内旅行とはいえ、温泉は別ジャンルらしいのだ。食べ物で喩えるならスイーツのようなものなのかもしれない。別腹、というやつだ。

我々日本人にとって、温泉は格別の存在感を放つ。年齢や性別に関係なく万人から愛され、ラブコールを送られ続ける、永遠の憧れである。少なくとも、温泉が嫌いという人には僕は出会ったことがない。

僕も人並みに温泉に対する関心は強い。フリークとまでは言わないものの、我が人生の中において、可能な限り回数多く温泉を体験したいと願っている。国内旅行をする際には、常に頭の片隅で気にかける。温泉そのものを目的とした旅ではなくとも、ついでと称して立ち寄ることも珍しくない。

興奮のあまり、前置きがやや長くなった。いまの舞台は日本ではなく台湾である。にもかかわらず、温泉が登場するのだ。僕にとってこれほど心躍る展開はない。温泉があるというだけで、元々高かった台湾に対する好感度がますます上がった。海外旅行しかしないという人でも、この気持ちをきっと分かってくれるはずだ。

魅力的な温泉があるのだと聞けば、そこが国内だろうが海外だろうが足を延ばしたくなる。列車を乗り継ぎ、台東までやってきていた。とりあえず一泊し、これからいよいよその異国の湯へ向かう。

僕は朝からそわそわして落ち着かなかった。いつものようにシャワーを浴びるのは控え、着替えをまとめて街歩き用カバンに詰めた。どうせ体を洗うのだから、ホテルの狭いシャワー室をいま使うのは無意味だ。

部屋を出て、エレベーターの下りボタンを押した。朝だから利用する人が多いのか、一台しかないエレベーターはなかなかやってこない。ふと通路の壁に目をやると、館内の案内図が貼られていた。六階のこのフロアには部屋は八つあるようだ。小さなエレベーターだから、みんなが一斉に移動を始めたらスタックするのも仕方ない。

手持ち無沙汰なので、その案内図をなんとなく凝視する――アッと声を上げた。

「空襲時請到地下室避難」と書かれていたのだ。

空襲？　緊急時の避難経路の説明なのだが、火災や地震ではなく空襲というのは穏やかではない。この国では、かつては大陸との間に緊張の時代があった。古いホテルだけあって、当時の生々しさがいまもなお残っているのだった。

いささか眉をひそめながら、ようやくやってきたエレベーターに乗り込んだら、なんと大陸から来たと思しき観光客の一団と一緒になった。つくづく平和のありがたみを実感する。この人たちは案内図のあの記述に気がついただろうか。そして気がついたならば、どんなことを考えるのだろうか。

ホテルを出て、朝の街に繰り出した。まずは情報収集である。

台東市内から知本温泉行きのバスが発着することまでは把握していた。地図を見ると、バスターミナルはホテルから徒歩数分の至近距離にあるようだった。ならば直接出向いて出発時刻などをリサーチしようと歩いて行く。

本当にめちゃくちゃ近くて、数分どころか一分もかからずに到着した。バスターミナルというと仰々しいが、規模はかなり小さくて拍子抜けである。

窓口の上に時刻表が掲げられていたので確認すると、予想以上に本数が少なかった。一時間半に一本あるかどうか、といったところ。行き当たりばったりではなく、時間を吟味して計画を立てた方が良さそうだ。とりあえずその時刻表を、メモ代わりに写真に撮っておく。

出発までまだ時間があるから、付近をぶらぶらしてみることにした。昨日は夜に到着したから、台東の街はまだ見ていない。

歩き始めて最初に目が合ったのは、猫だっ

知本温泉へ行くバスは山線ターミナルに発着する。久々のバス旅だ。

た。食堂の軒先で、まるで店番をするかのように周囲をキョロキョロしているさまが可愛い。首輪をしているので、飼い猫だろう。しゃがみ込んで同じ目線の高さになって、カメラを向ける。にゃあと客引きされたが、ごめんなさい。食事はいまはいいです。

台東の市街地は、これまで訪れた台湾の代表的な都市と比べて、圧倒的にスケールが小さいようだ。メインとなるエリアは、ちょっと歩いただけですぐ端に辿り着く。街がコンパクトにまとまっている感じ。交通量も少なく、徒歩の旅行者には居心地がいい。割と細かく路地が入り組んでいるが、基本的にはいわゆる碁盤の目状に街が区画整理されているので、方向感覚を失うこともなかった。

たまたま発見した市場へ足を踏み入れてみる。入口に「台東市中央市場」と書いてあったから、おそらくこの街では結構大きな市場だ。

建物の入口付近に魚介類、内部は肉や野菜といった感じで綺麗に売場が区分されていた。アジアらしい雑多な品揃えながら、どの店も台湾らしい清潔さが見られる。沖縄の公設市場とどことなく似た雰囲気。朝一番は市場としてはピークタイムのはずだが、正直あまり活気は感じられない。時間の流れがゆるやかで、この街に似合ったゆるい市場だなあと妙に納得してしまう。

あてどもなくぶらついていると、頭上から轟音が響き渡った。なんだろうかと見上げると、飛行機が通り過ぎて行った。エンジン音がハッキリ聞こえるほどの、高度の低さに驚かされる。恐らく空港が街の近くにあるのだろう。なんだか他人事のようだ。のどかな景観の中に身を置くと、飛行機なんて忙しない乗り物が遥か遠い世界のものに思えてくるのだった。

ああ、田舎だなあと、何度も、本当に何度も目を細めた。住んだら退屈しそうだが、たまに旅行で訪れるぶんには心安まる街だと感じた。以上、台東ぶらり歩きのダイジェスト、および感想である。

バスの時間が近づいてきたのでターミナルへ戻る。その途中、僕はひとつの店の前で立ち止まった。看板に書かれた「池上便當」という文字を見て、涎が出そうになったからだ。

池上便當——台湾好きならばその名を聞いたことぐらいはあるだろうか。池上とは台湾の地名のことで、便當は前にも書いたが弁当を意味する。すなわち、池上産の弁当である。喩えるなら、東京弁当や大阪弁当といった具合なのだが、なぜ弁当に地名を冠しているのかというと深い理由がある。

池上は、台湾屈指のお米の産地なのだ。かつての日本統治時代には、穫れたお米を天皇家に献上していた歴史を持つほどで、品種もコシヒカリなど我々日本人が馴染みのものを生産している。台湾で美味しいお米といえば、真っ先に挙がるのがこの池上米であり、つまり日本の魚沼産のようなブランド米というわけだ。

そんなハイグレードなお米を用いたお弁当の店が現れたとなると、無視して通り過ぎるわけにはいかない。ちょうど開店したばかりらしく、炊きたてのお米の匂いが漂ってきた。これは――買うしかない！　僕は鼻の穴を膨らませた。

実は、これは台東だからこそ起こり得た出合いでもあった。

池上へは行ったことはないが、どこにあるのかは知っていた。まさにここ台東の近郊、県でいえば台東県に位置する地方なのだ。

米どころの、すぐ間近に僕はやってきていたのだ。店を見つけたのは偶然とはいえ、密かに狙ってもいたのが真相である。台東市内ならば、探せばたぶん見つかるだろうなあと踏んでいた。魚沼から近い新潟市内で、「魚沼弁当」を買い求めるような感覚である。結果、首尾よく発見できたわけだ。僕はほくそ笑んだのである。

何種類か用意されている中から、排骨飯《パイコーファン》便當に決めた。とんかつ弁当だ。台湾のお弁当ではもっともスタンダードなラインナップと言えるだろうか。店のおばちゃんは言葉がまったく通じなかったが、指差しで注文するとすぐにつくってくれた。出来あいではなく、オーダーが入ってから弁当に仕立てるらしい。

この弁当は、温泉で食べるつもりである。今日のランチに決定なのである。

温泉旅館にもレストランなどはあるだろうが、場所柄高いことはほぼ確定的だから、ならば持参するのはいいアイデアに思えた。弁当のお値段はたった七十五元。セコイ発想ではあるものの、安さに加えて念願の本場の池上便當にありつけることが僕にはたまらなく魅力的だった。

サービスなのか、弁当を買うとなぜかヤクルトが一本おまけで付いてきた。おばちゃんがビニール袋に入れてくれたので、それを持ってバスターミナルへ急ぐ。

すでにバスが来ていたのでさっそく乗り込み、座席の足元に袋を置いた。誤って足で踏まないよう気をつけねば……。

僕はほくほく顔で車窓の景色に見惚れていた。弁当は手で触るとほかほかあたたかく、いますぐ開けて食べたい衝動に駆られるが、グッと堪えた。さすがに、バスの車内で食べるわけにはいかない。

走り始めた当初はガラガラだった車内も、途中のバス停から続々と客が乗ってきて、空席がほとんど埋まるほどの混雑に変わった。そんな状況を見て、僕は足元に置いていた弁当を、カバンの中におずおずと仕舞った。

匂うのだ、弁当が。それも、だいぶ激しく匂う。

僕は恥ずかしくて顔が赤くなった。一目瞭然、いや一嗅瞭然とでも書くべきか。周りに絶対に気がつかれるほどの明らかな異臭である。ほかの乗客の迷惑になること必至。隣には原住民族のお母さんが座っていた。やさしいお母さんで何も言われなかったけれど、間違いなく気がついていただろうなあ。ごめんなさい。つくりたての弁当と密閉された車内という組み合わせは、要注意なのである。

気になったのは、バスの乗客が老人ばかりだったことだ。おじさん、おばさんというよりも、おじいさん、おばあさんといった年代の人がやたらと多い。たぶん、この中だと僕は最も若い。いや、子連れの客もいたので正確には違うか。明らかな子どもを除くと最年少。若い人たちはバスなんて乗らないのだろうか。

台東市内から離れるにつれ、車窓の景色は田舎の様相を呈してきた。ときおり民家や小さな商店が現れるが、基本は田園地帯。コンビニすらないので、日本の地方都市の郊外と比べても素朴さが際立っている。

バスは台鉄の知本温泉駅を経由した後、山道を上り始めた。列車で来る場合には、この駅でバスに乗り換えることになる。駅から温泉街までは離れており、徒歩で行くのは難しいのだ。どうせ最終的には同じバスに乗るのなら、列車は使わずに台東市内から直接アクセスした方が楽だろう。

知本温泉の温泉旅館は、一箇所に固まっているのではなく、あちこちに点在しているようだ。温泉旅館といっても、台湾の場合、多くはホテルである。温泉が併設されたリゾートホテルを想像すると分かりやすい。

バス道路は山あいに流れる河に沿う形で続いていた。右に左にカーブを繰り返す峠道を越えると、そういうホテルが何軒か集まった一画に出る。その一画を通り過ぎるとまた岨道《そばみち》に変わって、さらに次のホテル街が現れるといった具合。

僕は清覺寺のバス停で下車した。目的のホテルの最寄りがここなのだ。ちなみにバスの運賃は台東から六十四元。これは乗車時に先払いしている。

さて、どうしようか——辺りをキョロキョロしてみる。

すると、「知本老爺大酒店」の看板を見つけた。お目当てのホテルである。看板の前の坂道を進むのだと矢印が出ていた。良かった。ホッと一安心である。

バスを降りたのは僕一人だった。土地勘のない山中に単身で放り出される形になった。しかも台湾とはいえ、いちおうここは外国である。周りには人の気配はまったくないし、不安な気持ちも頭をもたげていたのだ。

案内に従って坂を上っていく。結構急な坂で、ぜいぜい息が切れるが、早くも硫黄の匂いがぷんぷん漂ってきて気が逸《はや》る。五分ほど歩いて、こんな山奥には似つかわしくない、近代的で巨大な建物が見えてきた。

無事、到着である。ぱちぱちぱちと、とりあえず静かに拍手しておいた。

駐車場には何十台もの車が停まっている。僕のようにバスでやってくる人間はあまりいないのだろう。制服を着たボーイさんが、恭《うやうや》しくドアを開けてくれる。建物の中へ入ると、吹き抜けのロビーが広がった。ラウンジや小洒落たカフェ、コンシェルジュデスクなどが視界に入る。泥臭い旅をしている者にとってはちょっと眩しすぎる光景で、僕は目を瞬かせたのだった。

知本老爺大酒店は、ここ知本温泉の中でも最高級のホテルだという。滅多に来られないのだからと、あえて一番いいところを選んだのだ。

といっても、日帰り入浴である。欲を言え

現れたのは秘湯……ではなく、いかにもなリゾートホテルだった。

ば宿泊もしてみたいところだが、料金は一泊三万円オーバーと、僕からしたら目玉が飛び出る金額だった。台東で泊まっているあのホテルなら、同じお金で一週間は滞在できてしまう。潔くあきらめ、温泉に狙いを絞ったのである。知本温泉のホテルの多くは、宿泊客ではなくとも温泉だけ利用できるらしい。いわゆる立ち寄り湯として開放しているわけだ。

知本老爺大酒店の入浴料は、大人一名、三百五十元。日本円にすると千円程度ながら、台東の物価感覚からすると決して安くはない。

ラッキーなことに、僕は二百六十元で入場することができたので、そのことも書いておく。実は台東で泊まっているホテルのロビーで、知本温泉の割引チケットが売られていたのだ。元の料金が高いせいか、知本老爺大酒店はとくに割引率が高かった。我ながら本当にセコイのだが、お得な話には目がない旅行者である。九十元も安くなるのならと、その割引券を事前に購入したうえでやってきたのだ。

ところが、すべてが順風満帆には進まないのが我が旅である。ここに来て予想外の事態に見舞われた。レセプションでチケットを見せると、対応してくれたお兄さんはなぜか眉をひそめたのだ。そうして口にした台詞に、僕は耳を疑った。

「いまの時間は大浴場は清掃中なんです。オープンは十六時になります」

えええ……そんな。これ以上ない大ショック。心が折れそうになる。まだお昼前である。

さすがに十六時まで待つのはツライ。かといって、このまま引き返すのもいまさら酷というもので、僕は天を仰いだ。きちんと調べてから来れば良かったのだろうが、もはや後の祭り。

意気消沈する日本人を見かねたのか、お兄さんは言葉を付け足した。

「大浴場以外にも、この時間でも入れる施設はありますが……」

えっ、そうなの？　なんだなんだ。それを先に言ってほしい。

お兄さんは館内の地図を広げ、「天幕風呂」を指差した。屋外の施設だが、ここならいまも営業中だという。この際、お風呂に入れるならゼイタクは言わない。というより、屋外の方がいいのではないか。それって露天風呂ってことでしょう。だとしたら、むしろ望むところである。

ただ、ひとつだけ問題があって、天幕風呂では水着を着用しなければならない。

「水着は……持ってきてないです」

僕が訴えると、ホテル内の売店で販売しているという。さっそく買いに行くと、一番安いものでも三百六十元もした。うーん、入浴料より高い。無駄な出費にはなるが、ほかに選択肢はなかった。それを買って、入口で渡されたタオルを持って脱衣所へ向かった。紆余曲折はあったものの、いよいよお待ちかねのお風呂である。

脱衣場の中は誰もいなくて、貸し切り状態だった。宿泊客なら部屋で着替えれば済むから、わざわざここを利用する必要もないのだろう。温泉だけ入りに来る客は、かなり珍しいのかもしれない。

洗面所とシャワー室、あとは荷物を入れるロッカーが備え付けられている。鍵はリストバンドになっていて、お風呂に入るときは手首に巻いていく。この辺は日本の立ち寄り湯となんら違いはない。というより、日本の温泉とあまりに同じすぎて、どこにいるのか分からなくなったほどだ。

海外でも稀に温泉があって、見つける度に利用したりするのだが、いつも少なからず文化の違いに戸惑う。これほどまでに日本とそっくりな温泉というのは、ほかの国ではお目にかかったことがない。

強いて言えば、水着着用という点は大きな違いだが、それも前述した経緯があって屋外の施設を利用することになったからで、大浴場の方は普通に全裸で入れる。

まあ、温泉に限った話ではないのかもしれない。この国を旅していると、しばしば日本を彷彿させられる。台湾は日本人にとって特殊な海外旅行先であるのだなあという、これまでも散々抱いた感想をさらに強くしたのだった。

買ったばかりの水着に着替えて、お風呂へ突入する。天幕風呂というぐらいだから、テントでもあるのかと予想していたが、ただ単に屋外でも屋根が付いているというだけだった。

敷地中央にはかなり広い、まるでプールのようなお風呂があって、さらにその周りに小さなお風呂が散らばっている。お湯そのものを楽しむというよりは、レジャー施設といった佇まいだ。

まずはメインの大きな浴槽に足をつけてみる――あれ、つめたい！

意表をつかれ、うひゃっとなった。台湾とはいえ、震えるような真冬の寒さは変わらない。ましてや山の上である。水着一丁で長時間過ごすには厳しい気温なのだが、まさか水――？　予期せぬ展開に、頭の中が「？」で埋め尽くされる。

おかしいなあと訝りつつ、周りに散らばる小さなお風呂に移動すると、こちらは見事にあたたかかった。おおっ、良かった良かった。

天幕風呂のメイン浴槽はつめたい。お風呂というよりプールかも？

ただし、熱さは控えめだ。ぬるくはないのだが、「熱い」というよりは「あたたかい」という感じ。

お風呂には説明書きがあって、なんと「カモミール風呂」と書かれていた。言われてみれば、確かにいい香りが漂う。ほかのお風呂も見てみると、「グリーンティー風呂」や「ラベンダー風呂」など、ずいぶんと個性豊かだ。どうやら多種多様なユニーク風呂を楽しめるのが、この天幕風呂のウリらしい。

日本と同じなどと書いたばかりだが、前言撤回。こんなヘンテコ風呂は日本の温泉では体験したことがない。なんだ、なんだ。異国情緒はゼロではなかったのだ。お茶をモチーフとしているところがいかにも台湾っぽいのもナイスである。

せっかく海外まで来ているのだから、こういうお楽しみ要素は大歓迎だ。うれしくなって、それら変わり種風呂を一通り試してみた。

なかなか楽しい。楽しいのだが——。

なんだか釈然としない。率直に言って、物足りなさも覚える。

やはりお湯の温度が低すぎるのだ。日本人からすれば、ぎりぎり許容範囲外の温度だと感じた。どんなに楽しい演出があったとしても、根本的に入浴をしに来ているわけで、こればかりはどうしても譲れない。できればあつーいお湯に浸かって、アハハンなどと鼻歌を口ずさみたいのだ。

「まあでも日本じゃないし、ゼイタクは言えないよね……」

あきらめの境地に達し、すごすごと退散しようとしたときだった。敷地の片隅に、「High Temp」と書かれた風呂を見つけた。High Temp、すなわち高温の風呂という意味だろう。自然と笑みがこぼれる。ちゃんと用意されていたのだ。

そのお風呂には、「高温注意」という表示まで掲げられている。望むところである。喜び勇んで入ってみた。

熱い。ほかのお風呂と比べ、明らかにワンランク上の熱さだ。でも——。

それでもなお、物足りなさが残る。僕は百パーセントは満足できなかった。これならあとスリーランクぐらいは熱くしてくれても構わない。日本ならちょっとぬるめの、じっくり長時間浸かってあたたまるタイプのお湯である。

うーん、こんなものかな。いささか妥協気味に引き揚げた。この高温風呂には誰も入っていなかった。熱すぎるお風呂は台湾では人気がないのだろうか。

脱衣場に戻り、軽くシャワーを浴びて、持参した服に着替えた。無料の乾燥機が置かれていたので、濡れた水着はそれで乾かすことにして、昼食をとるために僕はテラスへ向かった。出発前に台東で買った、例の池上便當とご対面である。

自販機で二十五元のお茶を買い、テーブルに座ってお弁当の蓋を開けてみる。うわあ、とんでもないボリューム！　容れ物からあふれんばかりにご飯が詰まっており、上には全面を覆い隠すようなジャンボとんかつが載っている。特盛り、いや鬼盛り。これなら風呂上がりの空腹を満たしてくれそうだ。

肝心のお味はというと、これがまたとんでもなくウマくて、僕はのけぞりそうになった。とんかつは揚げたてでこそないものの、そのぶん味が染み渡っており、これぞ弁当といった卓越した域に達している。そして、なんといってもお米だ。ふっくらと炊きあがっており、弁当特有のべたつきもほとんどない。

一言で形容するなら、豊穣なお弁当だった。とんかつ以外にも、煮卵やハム、椎茸など具だくさんで、どれも信じられないほど美味しいから、ご飯がぐんぐん進む。あっという間に鬼盛りを平らげた。いやはや大満足。お風呂は少し残念だったが、最後に大逆転。東京で近所にあったなら、通い詰めそうなほどだ。

お弁当を食べている間、テラス席からお風呂の様子をなんとなく見学していた。それで改めて思ったのだが、メインのあのつめたかった広い浴槽は、単なるプールなのかもしれない。小学生ぐらいの子どもたちが、嬌声を上げながら水遊びに興じていた。よく見ると、滑り台なども設置されている。少なくとも、あれは温泉ではない。

そもそもここは、お湯そのものをありがたがる場所ではないのだろう。ロケーションから秘湯を想像してやってきたが、実態は温泉付きのテーマパークだった。大浴場へ入れていたらまた違う印象も抱いたかもしれないが、施設の雰囲気から想像するにそうならない可能性も高そうだ。

ちなみに知本温泉のお湯の特徴は、無色透明の炭酸水で皮膚の漂白と老化防止に効果があるのだという。いわゆる「美人の湯」というやつで、実は温泉としてのスペックはあなどれないレベルなのだ。なんだか色々と惜しいのである。まあこれも貴重な海外体験と、割り切って楽しむのが正解なのだろうなあ。

（八）名物宿に泊まってみたよ

温泉からの帰りは、知本老爺大酒店の送迎サービスを利用した。百八十元と路線バスより割高だが、本数の少ないバスを待たなくていいことを考えると利用価値はある。乗合のマイクロバスとはいえ、台東市内の希望の場所まで送ってくれるので、ほとんどタクシーと変わらない利便性だ。

台東に戻ってきて、ホテルの前にバスを横付けしてもらった。荷物はすでにフロントに預けてある。それをピックアップして、台東駅へ向かうことにした。

本日も移動である。一都市、一泊という形で旅が進んでいく。

次の目的地は、花蓮《かれん》だ。台湾東部では、台東と並んで大きな街と言えそうだが、実はここもこれまで訪れたことがない。

台東市内から駅までは距離があるので、タクシーを拾うつもりでいた。ところが、車はなかなかつかまらなかった。街一番の目抜き通りまで出るも、黄色い車体は滅多に通りかからない。たまに見かけても、空車ではなく客が乗っていて舌打ちしたくなる。昨日覚えたやり方で列車の切符はスマホから予約済みだ。それゆえ油断していたのだが、発車時刻が迫ってくるにつれ、暢気な気持ちが焦りに変わっていく。

遠くに黄色い車が見えると、僕は手を上げて合図をする。客が乗っているタクシーは無情にも通り過ぎて行くが、なんと停まってくれる車があった。窓を開けて、運転手は僕に何かを指示した。

「ここで待ってて。すぐに戻ってくるから」

言葉は分からないが、運転手のジェスチャーから恐らくそんなことを言われたのだと想像した。オーケーと頷き、その場で佇立する。

すると五分も経たないうちに、その車は戻ってきてくれた。乗っていた客はどこかに降ろしてきたのだろう。後部座席に乗るよう促され、僕は飛び乗った。

タクシーは破天荒なスピードで駅へと疾走した。僕が時計を気にしているのを察知して急いでくれたのかな、などと好意的に解釈するべきか。いや、たぶんいつも通りの運転なのだろう。

これまで乗った台湾のタクシーはどれもそうだったが、運転は基本的に荒い。タクシーに限らず、バスも同様だ。無理な追い越しは当たり前だし、まるで高速道を走っているかのような速度で飛ばす。

けれど、台東のタクシーのこの運転手の暴走ぶりは、それらを遥かに凌駕するものだった。

ノロノロと遅い車が前にいたら、クラクションを鳴らしまくる。なんと赤信号でも停まらない。左右から車が来なそうなのをいいことに、そのまま突っ切ったときには恐怖を覚えたほどだ。それも一回や二回ではなく、信号機の度にそんな強引な突破を図るので、乗客としては命がいくつあっても足りない。

お陰で、あっという間に駅に到着。余裕を持って列車を待てることになった。

ネットで予約した場合には、発車時刻の三十分前までに駅の窓口で切符を発券しなければならないのだが、このタイムリミットも難なくクリアである。怖い思いはしたものの、結果オーライなのであった。

台東から花蓮までの運賃は三百三十三元。今日は自強號、特急列車の席が取れた。発車まで時間が余ったので、駅構内を軽く見て回った。といっても小さな駅だから、十分もかからず見終わってしまう。

コーヒーの売店があったので、暇つぶし

台東駅。原住民族の存在がこの地の観光の目玉になっていることが窺える。

がてら注文してみた。

「砂糖は入れますか？　ミルクは？」

矢継ぎ早に質問され、すべてイエスと答えると、店のお姉さんの方で砂糖もミルクも全部入れてくれた。客が自分で入れるのではなく、店の人がお膳立てしてくれるのは、アジアのコーヒーショップではお馴染みの光景だ。

舌が火傷しそうなアツアツのそれを持って、ホームへ向かう。始発駅なのか、すでに列車が停まっていたので、乗り込み座席についた。

客席は妙に空いている。ほとんどガラガラである。西部の大都市、台中や台南、高雄では見られなかった光景だ。不人気路線というよりも、人口密度の問題なのかもしれない。良くも悪くも田舎というわけだ。

列車が発車して間もなく、車窓にはのどかな田園地帯が広がった。季節は冬だから田んぼはお休み中だが、春以降、収穫の時期までの間なら麗しい景観が拝めそうだ。

いいところだったなあとしみじみ回想する。短い滞在ながら、台東に対する思い入れは強くなった。のんびりとした土地は旅人にやさしい。自然の瑞々しさや、ローカルの人々の素朴さに触れることで心癒やされ、張り詰めていたものが溶けていく。

「また来てもいいな」

少しだけ熱さがやわらいだコーヒーを啜りながら、僕は独りごちた。

花蓮までの乗車時間を利用して、この後の旅の計画を改めて練ってみる。

桃園空港から入国し、時計とは反対回りにぐるっと台湾を一周してきた。ゴールということになると、それはやはり台北になるのだろうが、花蓮まで来ればもう目前と言っていい距離まで近づいたことになる。花蓮へは台北から日帰りで訪れる人もいるぐらいなのだ。台湾の旅は本当に気楽で、呆気ないほどである。

とはいえ、このまま台北へ行って終わりとするのも、それはそれでなんだか味気ない。ここでふたたび例の懸案事項を思い返した。高雄にいるときに渡航を検討し、保留としていた馬祖島である。

やっぱり、行きたいなあという欲が頭をもたげ始めていた。

仮に馬祖島を訪れるとすると、花蓮も一泊だけにして、翌日には台北へ移動しないと日程的に間に合わない。飛行機は台北から出ており、早朝出発なのである。もし馬祖島へ行かないとなると一泊の有余ができるので、花蓮に連泊ができるし、花蓮〜台北の間でどこかさらに一都市追加で訪れる手もある。

花蓮での選択が旅の分かれ道になりそうだった。これ以上は保留にできない。

スマホの画面から顔を上げると、車窓には一面の黄色い光景が広がっていた。菜の花畑である。美しい眺めに目を細めながら、僕は決断した。

よしっ、馬祖島へ行こうと。

憧れの場所があるのなら、それは何よりも優先すべきだ。いつもそうやって、その場の衝動に動かされる形で旅をしてきた。

花蓮駅で列車を降りると、その足で僕は駅の切符売場へ向かった。翌日の台北行きの切符を先に買ってしまうことにしたのだ。善は急げ、である。

花蓮と台北の間には、その名も「太魯閣《タロコ》號」という名物列車が走っており、できればそれに乗ってみたいと願っていた。台湾新幹線の高鐵同様、日本の技術をベースにつくら

謎の丸い枠は、今回台湾列車旅をしていて心に残ったもののひとつ。

れた高速列車で、通常の自強號が三時間かかる花蓮〜台北間を二時間に短縮する。非常に人気が高く、慢性的に混雑していると噂に聞いていたのだが、どうやら本当のようだ。スマホでチェックしたときには空席はまったく出てこなかった。

ところが、ダメ元で窓口で訊いてみると、明日の午後の便に一席だけ空きがあるとのこと。ただし、太魯閣號ではなく普悠瑪《プユマ》號という別の特急列車らしい。普悠瑪號は最近新たに追加された車両で、名前やデザインは違うものの太魯閣號と基本的には同じだというので、僕はそれで手を打った。

どうせ乗るなら最新の車両がいい。普悠瑪の方が語感も可愛らしいし。それに、ネットでは出てこなかった最後の一席を確保できたのはラッキーと言えるだろう。旅が好転し始めた。これはもう馬祖島へ行けということなのだろうと、僕は自分に都合良く解釈したのだった。

無事切符を入手でき、旅プランも定まった。後顧の憂いを断ったところで、宿に向かうことにした。「ホテル」ではなく、「宿」である。実は花蓮では民宿に泊まることにしていた。それもただの民宿ではなく、なんと日本人が経営する民宿だという。

いわゆる日本人宿のようなところへは、普段はほとんど泊まらない。外国まで来ておきながら、日本人とつるみたいとは思わないからだ。けれど、花蓮のその宿にはなぜか妙に惹かれるものがあった。

クチコミサイトでその宿の情報をチェックすると、両極端な意見が書かれていた。大絶賛する人もいれば、逆にネガティブな感想も目立つ。この手のネットの書き込みは、匿名なのをいいことに私怨混じりの心ない評価を書く人も多いから、鵜呑みにはしない方がいい。そこで僕は見方を変えてみた。

アンチが湧いて出るということは、むしろいい宿なのではないか——そんな発想である。少なくとも、当たり障りのない平凡な宿なら、これほど槍玉には挙がらないだろう。万人向けではないとしても、個性的で濃い宿に違いない。

意見が割れるのには、きっと何か理由があるのだ。それを自分の目で確かめてみたい好奇心に駆られ、泊まってみることにしたのである。

「これから花蓮へ行くのですが、今晩は部屋空いてますか?」

ついさっき、台東の駅にいるときに予約をしたばかりだった。電話に出たのは台湾人の女性だったが、携帯番号を教えられ、そちらにかけてくれと言われた。主人が対応しますので、とのことなので、恐らく奥さまなのだろう。

その携帯にコールすると日本人の男性が出て、部屋は空いているという。

「ただ、今日はバタバタしているので送迎はできません」とのこと。

なるほど、普段なら駅まで迎えに来てくれるらしい。

仕方ないので、タクシーを拾った。花蓮も駅から市街地までが離れており、さすがに徒歩で行くのは厳しい。

車が宿の前で泊まると、建物の外にいた初老の男性が声をかけてきた。

「ヨシダさん？」と訊かれ、ハイと答えると、中へどうぞと案内される。

「列車が遅れました？　七時十分に着くって聞いていたから心配しました」

「ああ、すみません。駅で切符を買っていたので……」

どうやら、電話で僕が伝えた列車の到着時刻から計算して、律儀にも待機していてくれたようだ。宿のご主人自らのお出迎えに恐縮してしまう。

建物の一階が受付になっており、まずはそこでチェックインの手続きを行い、鍵の使い方などの説明を受ける。ご主人は快活な人柄で、話好きなのか、色々と世間話なども交えつつ会話が弾んだ。早く部屋に入りたい人なら話が長いと感じそうな気もするが、僕も一人旅が続いて会話に餓え気味だったので満更ではない。

近くに美味しい店はありますか、などと訊こうものなら、待ってましたとばかりに地図を取り出し、丁寧にレクチャーしてくれる。いかにも手作りといった雰囲気のＡ４サイズのペラ一枚。番号が振られ、オススメの店がピックアップされている。

「ここの小籠包は安くていいよ。一個五元だからね。台北じゃあ、この値段じゃ食べられないですよ。鼎泰豊って有名なところあるでしょう。あそこは八個入りで二百元もするからね」

はい、そうですね。ぜひ行ってみます。事細かに解説してくれ、僕はいちいち相づちを打つ。噂通りクセのありそうな人物ながら、別に不快な感じはしない。客だからと距離を置かず、親身になって相手をしてくれる。大して予備知識もなく訪れた僕のような旅人には、お節介に構ってくれる方がむしろありがたい。

「太魯閣《たろこ》はこの時期どうなんですかね？　行こうか迷っているのですが」

僕は気になっていた質問をぶつけてみた。花蓮近郊にある太魯閣は、台湾屈指の景勝地として知られる。切り立った断崖絶壁に囲まれた渓谷美は、ぜひ一度この目で見てみたいと思っていた。花蓮は太魯閣観光の拠点となる街なのだ。

「どう、ってことはないですよ。いいときもあるし、悪いときもある」

要するに、天気次第らしい。真冬だからオフシーズンなのかと勝手に思い込んでいたが、とくにそういうわけではないようだ。この宿でも太魯閣ツアーを主催しており、ちょうど明日も開催予定なのだという。

「うちにご夫婦で泊まられている方が二名参加しますが、一緒に行きますか？　本当は事前に予約しないとダメなんだけど、今回は特別。ワタシがガイドしますので」

魅力的な勧誘である。このご主人がガイドをするとなると、充実した内容になりそうな予感がする。ぜひお願いしますと乗り気になったのだが、詳しく聞くと終了時刻が結構遅くて、列車に間に合わないことが判明した。

「じゃあ仕方ないですね。太魯閣を見るだけでなくて、日本統治時代の歴史を辿ったりもするので、どうしてもそれぐらい時間がかかるんですよ」

それを聞いて、さらに悔しさが募る。列車の時間を変更しようかなとも思ったが、最後の一席を運良く取れた経緯がある。残念だが今回はあきらめることにした。太魯閣だけなら自力で行けなくもないだろうし、また次の機会ということで。

案内された部屋は、予想していたよりもずっと素敵なところだった。民宿とはいえアメニティはホテル並みに揃っているし、窓のそばにテーブルや椅子が備え付けられている。何より、部屋が綺麗に清掃され、そしてスペースが広いのがうれしい。一泊千百元という価格を考えれば、まったく文句のないクオリティだ。

ご主人からもらった地図を参考に、夜の花蓮の街を散策することにした。まずは宿から近い、ワンタンスープの名店へ行ってみる。地図には二軒載っていたが、一軒目に訪れた店はすでに閉まっていたので、もう一軒へ。全然知らなかったが、ワンタンスープは花蓮の名物のひとつらしい。閉まっていた一軒目の「液香扁食」はとくに有名な店のようで、わざわざこれを食べに花蓮を訪れる人もいるほどだという。

街を代表する名店を逃したのは不運だが、二軒目の「戴記扁食」も液香扁食の創業者の孫が開業した店らしい。オープンは九〇年代とまだそれほど古くないが、台湾の有名な政治家が来店した写真が貼ってあったりと、地元では名のある店のようだ。

もっとも、この手の著名人写真でアピールする飲食店は世界中にあるから、それだけでは信頼には値しない。ウマイかどうかは、実際に食べてみたうえで見極めるわけなのだが——美味しかった。紛れもなく絶品のワンタンスープだ。

さらりとした薄い塩味のスープに、大きなワンタンがゴロンと沈んでいる。レンゲですくって口に入れると、ぷりぷりしたワンタンの食感に笑みがこぼれた。

咀嚼するうちに肉汁がじゅわっと口の中に充満する。テーブルの上に置かれた調味料で客が各自味付けをするシステムで、粉末唐辛子を少しかけたら味が引き締まってさらに美味しくなった。お碗が小ぶりなせいもあるが、ペロッと平らげてしまった。ボリューム的にはやや物足りないぐらい。ちなみに一杯六十五元だった。

付け合わせにほかのメニューも頼めばお腹いっぱいになれそうだが、この店はなんとワンタンスープしか置いていない。専門店とはかくあるべき、という見本になりそうな惚れ惚れする潔さだ。

お代わりをしたくなるが、グッと堪える。かくなるうえは、別の店をはしごすればいい。というわけで、引き続いてご主人に教えられた小籠包の店へ向かった。考えたらワンタンと小籠包は似た料理だが、この際良しとしよう。

「方向は正しいですが、距離は正しくありませんのでご注意下さい」

地図にはご丁寧にそんな注釈があったが、位置関係が分かればなんとなく辿り着ける。小籠包の店は行列ができていたので、すぐにそれと分かった。食堂といっても、屋台を大型化したようなローカル臭の強い店構えだ。

軒先には蒸籠がうずたかく積まれ、タワーのようになっている。そのすぐ後ろでは従業員の若者たちが慣れた手つきでせっせと小籠包をつくっている。見た目からして絵になる店である。看板には確かに「小籠包　五元」と書かれている。ここはほかのメニューもあって、水餃子などは三元とさらに安い。

列に並び、とりあえず小籠包を六つ頼んだ。中で食べていくと伝えたが、お皿ではなく、透明のビニール袋に入れてくれた。飲み物コーナーも併設されており、缶ビールが売られていたので迷わずそれを選ぶ。たれはセルフサービスになっていて、小皿と共に串が置かれていた。この串で刺しつつ、小籠包をつまむようだ。

屋台感覚のチープシックな雰囲気。でも、それがむしろ肌に合う。プルトップを捻り、ビールをグビッとした。酒のつまみは小籠包、しかも超格安といった状況。さすがに五元というだけあって、小籠包というよりは包子《パオズ》といったシロモノだったが、高級店にはない店の情緒もあいまって幸せな気持ちになった。

ああ、最高。今宵もビールが進む。

翌朝、目が覚めて真っ先にしたのは、窓のカーテンを開けることだった。

何よりも天気が気になっていた。いい具合に晴れそうなら太魯閣へ行くつもりだが、果たしてどうだろうか――。

――あら、あいにくの曇り空。それも厚い灰色の雲。

いまにも雨が降りそうな空模様に悪態をつきたくなったが、ひとまずシャワーを浴びて一階へ降りていくと、すでにツアーへ

格安小籠包の店は「公正包子」という名前。現地で得たクチコミ情報は最も頼りになる。

出発したのかご主人の姿はなく、奥さまが留守番をされていた。

　昨晩は宿に戻ってきた後、玄関の前の喫煙スペースでご主人と少し歓談する時間があった。ご主人も喫煙者らしく、一緒にタバコをふかした。普通のホテルではあり得ない、家族経営の民宿らしい気安さが心地いい。

「太魯閣へ行かない場合、花蓮市内だとどんな見どころがありますかね？」

　軽い気持ちで訊いてみると、またしてもご主人の饒舌な解説が始まった。例の地図とは別のプリントを持ってきてくれ、それを指差しながらの説明。花蓮の見どころが文章付きで紹介されており、これがあればガイドブックもいらなそうだ。

「自転車を貸し出しているので、乗っていくといいですよ。宿泊客は無料だから」

　そう言って、自転車の在処と、チェーンロックの番号を教えてくれた。

「鍵はしっかりかけてね。そうしないとすぐになくなるから……」

　ご主人は冗談交じりに付け足したが、きっと経験があるのだろう。どこの国にも不届きな輩はいるということか。ともあれ、自転車で街を散策するのも悪くないプランに思えた。

「ツアーは朝早くに出発するので、もう会えないかもしれないね」

　最後にご主人が口にした発言が印象に残った。そうして翌朝起きてきたら、その通りとなり、すでに出発した後だったわけだ。

ご主人はもう少し話をしてみたいと思わせる、不思議なオーラをまとった日本人だった。一泊しかしていないのに、インパクトのある出会いだった。

また来ます、必ず。そのときはツアーにも参加しますね。

付近を散歩しつつ、朝食をとったりしつつ、天候の回復を待ったが、一向に晴れる気配はない。太魯閣のある山岳地帯の方角にはとくにぶ厚い雲が垂れ込めていて、見るからにどんよりしている。

これはダメかな……という諦念に駆られる。自然の景勝地なのだ。悪天候だからといって行けないはずはないが、できればいいコンディションで訪れたい。

「いいときもあるし、悪いときもある」

昨晩ご主人に言われた台詞が脳裏をよぎった。悪いときがあるとするなら、無理して行くのも得策ではないだろう。

考えたら、時間が合わずツアーへの参加を断念した時点で、こうなることが決まっていたのかもしれない。旅にはタイミングというものがある。今回は土地に呼ばれていなかったのだ。それに、少しぐらいやり残しがあった方が、また来ようという気になる。太魯閣行きは今回はパスすることにした。まあ、負け惜しみである。

かといって、自転車を借りるにも天気が心配だった。雨に降られたら、逃げ場がなくなる。

結局どうしたかというと、徒歩で街をぶらぶらしただけで花蓮の滞在は終わってしまった。早めに引き揚げ、カフェで締め切りの迫っている原稿を一本書き上げて、駅へ向かった。敗北感にも苛《さいな》まれたが、たまにはこういう日もある。

明日には馬祖島という大物が控えている。まだ飛行機のチケットも手配していないが、花蓮での負けを取り返すためにもすでに行く気満々だ。

話題の普悠瑪號は、未来からやってきたようなハイテクな車両だった。ここまで台湾を一周する中で乗ったどの列車よりも真新しく、新幹線並みに車窓の流れるスピードが速い。振り子のようなシステムを採用し、カーブが多い山間部でも速度が落ちないのだという。

普悠瑪號で花蓮から台北へ。ここでもやはり旅人は撮り鉄化する。

あまりにも速すぎて、じっくり景色と向き合う余裕もないほどだ。

おまけに車内は、これまで乗ったどの列車よりも混雑していた。台東、花蓮と地方都市を回ってすっかりのんびりモードな旅人だったから、目が回りそうになった。

「都会へ帰るんだなあ」という実感が嫌でも湧いてくる。

台北までは、わずか二時間の乗車だ。まるでワープしたかのような瞬間移動。

旅の終わりには後ろ髪を引かれるような寂しさが付き物だが、これほどアッサリしたエンディングも逆に悪くない。とくに物思いに耽ることもなく、次の旅へと素早く気持ちを切り替えていく。過去は振り返らず、未来へ想いを馳せる。まるでタイムマシンに乗ったような心境で、僕は台北へ向かったのであった。

第三章　馬祖島

（九）旅人は辺境の島で風になる

目覚ましが鳴ったのは朝の五時半だった。旅行中は早起きになるとはいえ、これほど早いのは日本を出発した日以来だ。スマホのアラームだと起きられるか不安なので、いざというときのために音の大きい時計を持参している。それをカバンの奥底から取り出し、寝る前にセットしていた。早起きせねばならない理由があったからだ。

ササッと身支度を調え、ホテルの外へ出ると小雨がぱらついていた。日中は人通りの絶えない台北中心部とはいえ、辺りはまだ真っ暗で寝静まっている。自分以外にはまったく歩行者がいない閑散とした道を駅へと急いだ。

ほとんど始発に近い時間帯とはいえ、さすがに駅には人影もちらほら見られた。こんなに朝早くからどこへ行くのだろうか、などという素朴な疑問を抱くが、きっと向こうも同じことを思っている。南京復興《なんきんふっこう》駅からMRT文湖《ぶんこ》線に乗り、二駅目の松山機場駅で降りた。松山機場、すなわち松山空港である。

飛行機に乗るためにやってきたわけだが、チケットは持っていない。結局、いちかばちかの出たとこ勝負になってしまった。考えたら、予約なしで当日に海外の空港を訪れるのは、長い旅人生の中でも初めてかもしれない。

　チェックインカウンターではなく、航空会社の予約窓口へ行ってみると、なんと誰も人がいなかった。朝が早すぎるせいだろうか。仕方ないので改めてチェックインカウンターに並び、スタッフの女性に訊いてみる。

「北竿へ行きたいのですが、席はまだ空いていますか？」

　フルブックドなどと言われた日には、計画はオジャンになる。内心ドキドキだったが——女性はニッコリ微笑み、力強く頷いた。良かった、第一関門クリアだ。

　一時はあきらめかけた馬祖島への旅だが、やはりどうしても行きたかった。花蓮から台北へ戻り一泊し、翌朝の便に狙いを定めやってきた。ちなみに北竿というのは、馬祖島を

この数日後、同じ松山空港発金門島行きの便が墜落しヒヤリとした。

構成する島のひとつだ。馬祖島は複数の島が集まったところで、ほかにも南竿《なんかん》などにも定期便が飛んでいるが、僕の目的地は北竿にある。

問題は宿だった。部屋の予約をしようと電話をかけたら玉砕した話はすでに書いた。小さな離島だから、泊まるアテがないまま訪れるには勇気がいる。悩みに悩んだすえ、僕はあるアイデアを思いついた。

「帰りの便も一緒に予約したいのですが……。はい、今日のフライトです」

えっ、今日？　と女性に怪訝な顔をされたが、幸いなことに復路の便にも空席があるという。第二関門も無事突破。そう、日帰りなのである。

松山～北竿間のフライトは一日に三往復している。朝一番の便で出発し、現地を夕方に発てばその日のうちに台北へ戻ってこられる。これならば宿がなくてもなんとかなる。苦肉の策ではあったが、なんとか実現できそうで心底ホッとした。

計算したところ、島での滞在は正味八時間四十分になる。日中はほぼ丸々向こうにいられるから、案外悪くないプランだと思った。多少慌ただしくとも、行けないよりはマシである。忙しない旅に慣れていると、こういうときに有利に働くのだった。

航空券の代金は片道二千百五十八元だった。日本の国内線のような前もって予約した方が割引になるような制度はないため、当日購入でも運賃は定額だ。

帰りのフライトは予約だけ入れ、発券は現地に着いてから向こうのオフィスでした方がいいと女性は教えてくれた。島で購入すると税金がかからないのだそうだ。なるほど、と僕は得心した。中国大陸の間近に位置する島である。国境地帯は免税というケースは世界でもそれほど珍しくない。

「できれば窓側がいいのですが、空いてますか？」

最後にそう希望を伝えると、女性はイエスと即答し、そのようにアサインしてくれた。空港に着くまでは、「本当に行けるだろうか」と不安いっぱいだったのが嘘のようにすべてがスムーズに進む。僕は拍子抜けしてしまったのだが、いざ搭乗の段になってさらなる驚きの展開が待っていた。

飛行機は沖止めで、空港建物から駐機場まで車で移動する形だった。バスではなく、車である。ワンボックスの小さな車だ。それに乗り込んだのは僕を入れて三人。つまり乗客は三人しかいなかった。たったの三人である。何かの冗談かと思った。

機材はATR－72というプロペラ機で、ざっと見たところ五十席以上はある。ガラガラどころの話ではない。客室乗務員は二名。運転席には恐らく機長と副操縦士の二名が乗っているはずだから、スタッフは合わせて四名と、なんと乗客よりも多い。

かつてカリブで乗った、客席から操縦席が丸見えのセスナ並みの小型機でも十人ぐらいは客が乗っていた。自分史上、間違いなく最も空いたフライトだ。好きな席に座っても誰も文句は言わないだろう。窓側とか通路側とか、いちいち指定する必要なんてまるでなかったのだ。

「一日に三便も飛ばす必要があるのだろうか……」

そんな感想が自然と湧いて出る。誰が見ても明らかな赤字路線なのだ。

これは想像だが、国から何かしら補助が出ている可能性はある。国境の島であり、軍事上は重要拠点なのだとしたら、どんなに赤字でも定期便を就航すること自体に大きな意味が生じる。北竿には軍の基地があると聞いている。ほかの二人の乗客はいずれも単身の若い男性で、観光客やビジネス目的での渡航に

ガランとして人がいない機内。これ、飛行中に撮ったものです。

も見えない。もしかしたら島の基地に赴任する兵隊さんかもしれない。

　この国には徴兵制が残る。志願制への移行も予定されており、現在は過渡期だという。徴兵された若者は、配属先が馬祖島だったら、自分の運の悪さを呪うのだというエピソードを、そういえば以前に何かの本で読んだ記憶がある。

　客は三人しかいないが、サービスに手抜きはなく、離陸後すぐに飲み物が振る舞われた。外国人が乗っていることを意識したのか、英語でのアナウンスも流れた。

　飛行機はそれほど高度を上げずに、雲の上すれすれを飛んでいく。ずっと行きたかった憧れの島へ。台湾の人さえ行きたがらない辺境の島へ――。


　上空から陸地の輪郭がハッキリ視認できた。ちっぽけな島だなあというのが第一印象だ。滑走路は両端が海に面しており、着陸時に勢い余ってドボンと行きそうな不安に駆られるが、危なげなく飛行機は減速し、停止した。

　タラップを降り、駐機場を徒歩で空港建物へ向かう。これまた非常にこぢんまりとした建物で、「空港」というより「飛行場」と呼びたくなるようなシロモノだ。日帰りなので預け荷物はなく、そのままテクテク歩いて到着ロビーに出た。

　小規模な空港だが、予想していたよりはずっと近代的な雰囲気で、照明も全体的に明るい。

万が一のことを考えて、出発前に松山空港で台湾元の現金を多めに下ろしてきたのだが、ATMもちゃんと設置されており、あれまあと目をみはった。

とはいえ、人の姿はまばらだ。待合室のソファはガラガラだし、客引きはおろか到着待ちの人たちもいない。一緒の便に乗ってきたほかの二人は早々にどこかへ行ってしまった。閑散とした空間にポツンと取り残される形になった。

さて、どうしようか。

やってきたはいいものの、完全にノープランである。ガイドブックにはこの島の情報は一切載っていないし、訪ねるべき島人のアテがあるはずもない。

初めての土地では観光案内所を頼りにしたりもするのだが、さすがにそんな便利なものは……あれ、ある！　信じられないことに、なんと空港内に「Tourist Information」の看板を掲げるカウンターが用意されていた。

女性が一人、暇そうにしている。縁の太いメガネをかけた若い女性スタッフだ。僕が以前に勤めていた職場のT女史にどことなく似ている。台北で見かける女性と比べるとあまり垢抜けていない洋服などから想像するに、島の人なのだろうか。ともあれ、観光案内所があるなんて、貴重な情報源になりそうだし、うれしい誤算だ。僕は恐る恐る英語で訊いてみた。

「英語は話せますか？」

「イエス……あ、はい。ニホンジン、ですか？」

えっ、日本語？　ぶったまげた。

T女史（この際もうそう呼ぶ）は、片言ながらも、意思疎通が図れる程度には日本語が分かるようだ。まったく期待していなかったので、僕は心底感激した。こんな島でさえも日本語が通じてしまう。台湾は本当にあなどれない。

こちらが頼むより早く、T女史はパンフレットを広げ、島の案内を始めた。どんな見どころがあって、どこがオススメか。ところどころ日本語で何て言うのか分からない言葉が出てくると、それは英語に直しながら、丁寧に細かく教えてくれる。ずいぶんと歓迎されている雰囲気だ。観光客なんて滅多にやってこなそうな観光案内所である。久々に現れた来訪者、しかもニホンジンということで、T女史にとっても新鮮であるがゆえに俄然やる気が盛り上がったのかもしれない。

驚くことはもうひとつあって、パンフレットはなんと日本語版が用意されていた。簡易マップが掲載されており、島内の各スポットの詳細な解説も書かれている。北竿だけでなく、南竿など馬祖を構成するほかの島々の情報も満載。これさえあればほかには何もいらなそうなほどの素晴らしいクオリティだ。

せっかくなので、北竿の紹介文の冒頭部分を以下、転載してみる。

——北竿は旧名を「北竿塘」や「長岐島」と言います。地勢の起伏が激しく、馬祖で二番目に大きい島です。魚介類や塩などで栄え、宋朝や元朝以降、漁師たちはここに一時的に滞在するようになりました。清朝同治年間（一八六二〜一八七四）には漁業が発展し、塩の需要量が各島の中で最多だったと言われます。このため、塩配分の争いがよく起こり、閩浙総督が長岐と橋仔にそれぞれ馬祖列島ではめずらしい塩政公告を刻んだ碑を立てたと伝えられています。（以上、原文ママ）——

ふむふむと、どんな島なのかひとまず概要を把握する。外国人が適当に翻訳した日本語ではなく、日本人が書いたような破綻のない文章にまず感心させられる。パンフレットの内容としては、島の成り立ちや歴史についての記述が中心のようだった。海峡を挟んで大陸と向かい合う、軍事上の重要拠点だという事実がどこにも書かれていないのは、あくまでも観光パンフレットだからだろう。

「バックパッカーとして馬祖を楽しもう！」（これも原文ママ）

という謎のキャッチコピーがパンフレットに添えられているのも気になった。確かにツアー旅行で来る人なんていなそうだが……。バックパッカーはもう卒業した自分としても、ありがたく利用させていただくことにしたのだった。

島内を散策するにあたっては、バイクがベストだとT女史は言った。この案内所でレンタバイクの斡旋もしてくれるのだそうだ。一日借りて五百元、四時間だと三百元で延長一時間につき百元だという。お言葉に甘えることにして、借りたい旨を伝えると、T女史はどこかへ電話をかけ始めた。

「スグ来ます。しょしょお待ちくださいネ」

という彼女の言葉通り、なんと五分も経たないうちにどこからかヘルメットを被ったおばちゃんが現れた。バイクを空港まで乗って持ってきてくれたらしい。代金を支払い、鍵を受け取った。返却も空港の案内所でオーケーとのこと。

T女史に導かれ、空港の外へ出ると、一台のスクーターが止まっていた。見たところかなり年季の入った一台だが、走るだけならとくに不満はない。

使い方は分かるかと訊かれたので頷くと、去り際にマスクを一枚プレゼントしてくれた。ガーゼタイプのいたって普通のマスク。バイクに乗るならあるに越したことはないだろう。レンタバイクは各地で利用しているが、こんなサービスは初めてだ。

「ありがとう！」

T女史にお礼を言って、バイクに跨る。島ならではの素朴な気遣いに触れ、ホッコリした気持ちで僕は空港を後にしたのだった。

走り始めてすぐに、商店街のような一画に出た。空港周辺が島で最大の繁華街なのだとT女史も言っていたが、本当にビックリするほど近い。空港の前の道路を下ってほんの数十メートルで、そこがもう街なのだ。

相変わらず通りゆく人影はまばらながら、各種の商店や食堂などが散見される。郵便局や小学校もある。それらを横目にしながら、人々の暮らしの匂いを感じ取りつつ、ゆっくりめにバイクを走らせた。

一言でいえば、相当に鄙びている。ローカル度はこれまで訪れた台湾のどの街よりも高い。考えたら、今朝は高層ビルが林立する大都会にいたのだ。台北から到着したせいで、目の前に広がる光景との強烈なギャップに僕は面喰らった。

とはいえ、さすがは島で一番栄えているエリアというだけのことはある。なんとコンビニがあった。台湾ではお馴染みのセブン―イレブンだ。北竿では唯一のコンビニなのだと後ほど知ったが、近隣の途方もなく鄙びた景観の中で、橙色と緑色の派手な縞々が際立って目立っていた。ここだけ唐突に都会的な薫りが漂う。失礼ながら、コンビニなんてあるはずないだろうと思い込んでいただけに衝撃は大きい。

吸い込まれるようにして店の前にバイクを停めた。別に用はないが、ついフラリと立ち寄ってしまうのはコンビニという存在が放つ魔力のせいだ。まあ、せっかくだし、飲み物でも買おうかなと思い、中へ入って――ギョッとした。

店内はいたって普通のセブン－イレブンである。離島感は欠片も見られず、見慣れた陳列棚が並んでいる。ところが、普通のセブン－イレブンにはまずいないだろうお客さんがいた。雑誌が並べられたラックの前で、立ち読みに励んでいるそのお客さんの服装が普通じゃなかった。なんと迷彩服なのだ。

やはり基地の島らしい。若い兵隊さんはとくに銃器のようなものは身につけていなそうだった。非番なのか、休憩なのかは分からな

一見するといたって普通のコンビニだが、客層は基地の島ならでは。

いが、いかにもフラリと買い出しに来ました、といった感じの身軽な佇まいだ。

僕が驚き戸惑っていると、店の前にバイクが数台停まったのが見えた。降りて店に入ってきたのは全員、迷彩服に身を包んだ若者たちだ。中には男性だけでなく、女性の兵隊さんもいる。着ているものこそ物々しいが、台北のセブン－イレブンで見かける台湾の若者たちと大差ないのを目にして、不思議な気持ちになった。

スマホを手にしながら、笑顔で言葉を交わしている。彼らの表情はみなどこか初々しく、軍人特有の険しさのようなものは見られない。サバイバルゲームに興じる集団、あるいは兵隊風のコスプレを決めている一団と言われても納得しそうなほどだ。

馬祖島は中国大陸にほとんどへばりつくような場所に位置し、台湾本島からはかなりの距離がある。飛び地のような存在で、ここが台湾領だなんて言われないと気がつかないほどなのだが、それだけに地勢上の超重要拠点であろうことは想像に難くない。

かつて大陸との間に緊張の時代があった際に、台湾の国民党政府はここ馬祖島を死守した。その後、いまに至るまで実効支配を続けているわけだが、台中関係が修復された現在となっては、そういう歴史ももはや単なる昔話のひとつなのかもしれない。兵隊さんの朗らかな表情からは、牧歌的な島の日常が垣間見えるのだった。

島一番と言われるその集落を出ると、景色は途端に自然味あふれるものに変わった。アップダウンが非常に激しく、坂を上ったり下ったりを繰り返す。高さのある樹木が少ないせいか、視界が広く大海原を望みながらのツーリングとなった。すれ違う車もごくわずかで、ゆるゆる走って気持ちのいい絶景コースだ。

ただ、さすがにバイクなので結構寒い。いや、結構どころか相当な寒さと言えるかもしれない。天気は薄曇りで、海が近いせいか風も強く吹き付ける。こういうこともあろうかと手袋を持ってきて良かった。T女史にもらったばかりのマスクのありがたみも感じまくりである。これがあるとないとでは雲泥の違いなのだ。

行きたい場所があった。その名も「芹壁集落」という。以前に桃園空港で偶然目にした写真に触発され、憧れを募らせたのだという話は高雄のところで書いた。昔ながらの民家が海に面して立ち並ぶさまをこの目で見たいがために、わざわざ馬祖島までやってきた。つまり、芹壁集落こそが今回の島旅の最大の目的なのだ。

これは旅行中いつも心がけていることだが、現地に着いたら最も行きたいところへ真っ先に向かうようにしている。お楽しみは後に取っておくという考えもあるだろうが、僕の場合は逆である。まずは最大のハイライトから挑むのが必勝パターン。期待に胸を膨らませながら、逸る気持ちに急かされるようにして向かった。

といっても、小さな島である。十分も走ったらもう到着してしまった。空港からはちょうど島の反対側、北部の海沿いになる。内陸部の山をひとつ越え、坂を下り始めると、眼下にそれらしき街並みが現れた。

おおおっ、と僕は一人でどよめく。

念願だった芹壁集落に遂に辿り着いたのだ！

海沿いに聳える山の斜面に、古めかしい建物がぎゅっとまとまる形で立ち並んでいる。数十軒はありそうなそれらの家々は、外壁がみな灰色系統で、なるほど石造りの家屋なのだなあと遠目にもハッキリ分かる。一軒だけが木造だったり、コンクリ製だったりするわけではなく、集落全体でしっかり統一感があるのがいい。

街の中へ突入する前に、引きのアングルで全体像を眺め、そのビジュアルの美しさを堪能する。これぞ絶景のお手本とでも言えそうな、景色としての完成度の高さに見惚れてしまう。フォトジェニックではあるものの、写真よりも油絵で表現したくなるオールドタイプの美景だと思った。撮るとしても、あえてモノクロが似合いそうな感じ。

芹壁集落は通称、「馬祖の地中海」などと呼ばれている。海沿いの集落という意味では通ずるものもあるのだろうが、地中海は言いすぎなのではないか、という懸念も抱いていたのが正直なところだ。ところが、そんな心配も杞憂に終わった。地中海とはちょっと違うのだが、これはこれで理屈抜きに美しい。少なくとも、わざわざ飛行機に乗って見に来ただけの価値はあると感じた。

集落の入口にバイクを停め、カメラを片手に内部へと歩を進めた。

台湾本土では見たことのない造りの家々が立ち並んでいる。石垣を積みに積んで家状にしたような独特の民家は、いかにも潮風に強そうな印象を受ける。閩東《びんとう》式建築と言うらしい。いずれも百年以上も前に建てられたものだ。それらが、ほぼ完全な形で現存しているのは馬祖島でもここだけだというから、貴重さが窺える。

そういえば、人の気配がほとんどない。民家の前には鉢植えが置かれたりしているので、いまも住んでいる人がいるのは明らかだ。けれど、石畳の道を歩いていて誰かとすれ違うことはなかった。予約をしようとして電話を

念願だった「馬祖の地中海」へ到着。カラーページにも写真あり。

かけたあの宿も見つけた。入口には柵がしてある。どうやら本当に休業中のようだ。

時代がかった街並みに、ひっそりとした静けさが漂っていた。耳に聞こえてくるのは、ビューービュー吹き付ける風の音のみ。まるで時が止まったようなノスタルジーを感じながら、異世界へトリップしている気分がどんどん強まっていく。ベタではあるけれど、ファンタスティックなどという形容も似合いそうだ。

「遠くへ来たなあ」そんな言葉がふと口をついて出た。

台湾は外国とはいえ、日本から距離的にも文化的にも近く、旅していて秘境気分を味わえることは滅多にない。ところが、芹壁集落は僕にとって、いささかぶっ飛んだものだった。知らない世界に触れた驚きと、なかなか行けない辺境地にはるばる辿り着いた達成感に満たされ、旅の手応えが最高潮に達した。ここに来なかったら、今回の台湾旅行の感想は全然違ったものになっていたかもしれない。

集落を見た後はバイクをさらに走らせ、島をぐるりと回った。馬祖島を構成するもうひとつの主要島である南竿への定期船が発着する港や、台湾ならではの道教寺院、芹壁よりは新しい別の集落など。案内所でT女史からもらったパンフレットが大活躍したのは言うまでもない。結果的にあれに紹介されていた見どころを、そのままそっくりなぞるようなコースで島観光を満喫したのだった。

中でも印象に残ったのは、次の二箇所だ。

まずは「北海坑道」という、戦時中につくられた巨大な坑道。綺麗な白砂のビーチの間近の岸壁に、掘られたトンネルの入口が現れる。幅は六〜十五メートル、そして長さは五百五十メートルもある。海に通じており、内部には軍艦を停泊させていた。要するに秘密の地下基地のような存在である。

驚くべきは、この坑道の成り立ちだ。当時の国民党軍が、なんと熊手や鍬《くわ》、つるはしなどを用いて人力で掘ったものだという。地層は柔らかな土ではなく、かちかちの花崗岩《かこうがん》である。機械で掘るならまだしも、手作業となると想像を絶する。完成までに三年もかかったそうだが、むしろよくぞ三年でできたものだと舌を巻く。

少し前に山口県にある有名な秋芳洞《あきよしどう》を観に行ったのだが、洞窟内の空間の広さはあれとほぼ同レベルだ。秋芳洞と異なるのは、自然の産物ではなく、人工的につくられたものだということ。目の当たりにしてみると、想像したよりもずっと本格的な坑道で、とても手作業でこれを掘ったとは思えないスケールなのだ。

ちなみにここでも誰一人として観光客の姿は見かけなかった。入場受付などはないし、スタッフや警備員もいない。島の外れの辺鄙な岸壁の中の薄暗いトンネルである。ザザーと波が打ち寄せる音だけが反響する。ひとりぼっちで佇むには恐怖を覚えるほどのシチュエーションだ。最奥部まで探索する勇気は湧かず、臆病風に吹かれて早々に退散したことを正直に書いておく。

もう一箇所は、「戦争和平記念公園」。ここも名前から想像する通り、戦時中の名残をいまに伝えるスポットなのだが、北海坑道以上に侘しさが感じられる場所だった。

公園といっても、遊具が設置されているタイプの、街の憩いの場的なものとは違う。島の西南部に突き出した半島のような一帯がまるまる公園に指定されており、とにかく敷地面積が広い。道もオンロードのバイクがぎりぎり走れる半舗装路で、ところどころ植物が道にはみ出すまで生い茂っていて、密林のようでおどろおどろしい。すれ違う車はおろか、人っ子一人いないのは北海坑道同様だ。

半島の先端の岬へ出ると、視界が開け眼下に大海原が望める。文句なしに絶景ではあるものの、岬の下は急峻な崖になっていて、率直な感想としてはもの悲しさが漂うなあと思った。自殺の名所と言われたら納得しそうなほどなのだ。

そして、そんな悲哀に拍車をかけるオブジェがあちこちに設置されていて目を奪われる。いや、オブジェという表現は妥当ではないかもしれない。

トーチカや、戦車といった軍事遺産が置かれていたのだ。もちろんレプリカではない。砲台は海に向けられ、外敵に備えていた当時のさまが再現されている。本物の戦車を目にしたのは初めてかもしれない。

いちおう解説パネルが付随しており、戦車の型式などが親切にも紹介されている。屋外博物館を狙っていることは分かるのだが、周囲の寂れ具合が半端でないせいか、とにかくシュールだ。草がぼうぼうに生えた荒れ地にポツンと戦車が放置された光景は、まるで戦争の跡地そのものといった雰囲気で目を背けたくなる。

うーむ、ミリタリーマニアなら歓喜しそうだなあ。この手の史跡が得意ではない者としてはただただ怖くなり、やはり街へと逃げ帰ったのであった。

断崖絶壁の上に戦車という組み合わせは、小心者にはハードル高し。

島をだいたい一周半ほど走り回り、ふたたびセブン－イレブンがある空港そばの街へ戻ってきた時点で、僕は昼食をとることにした。食事ができそうな店があるのは、この街ぐらいだった。といっても、島一番の繁華街であるこのエリアでさえも、シャッターが降りている店が多い。

かろうじて営業していそうな食堂を見つけ、店の前にバイクを停めると、中から小さな男の子が出てきて何かを言った。僕が首を傾げていると、店の奥の方からお母さんらしき女性を呼んできてくれた。家族経営の小さな食堂といった雰囲気だ。不意に現れた客が台湾人ではないことを悟り女性は意外そうな表情を浮かべたが、すぐに中へどうぞと促された。良かった。食いっぱぐれなくて済みそうだ。

どうせなら、島ならではのご当地メニューが食べたい。そんなささやかな野望を抱きつつ店の暖簾をくぐろうとすると、軒先のテーブルに目を奪われた。白い麺のようなものが並べられている。日干ししているのだろうか？

僕の視線に気がついたのか、お母さんがそれを指差して何か言った。言葉は通じないが、これを食べていきなさい、といったことを言われたのだろうと想像した。なんだか分からないが、見るからにローカルな食べ物だ。はい、ぜひこれをお願いしますと、僕は指差し首肯した。

果たして出てきたのは、ラーメン丼のようなお碗だった。スープの中には、店の前で干されていたあの白い麺が入っている。いわゆる湯麺の一種だが、台湾で定番の牛肉麺や、細身のビーフン系の麺線などとは異なる。色的に米の麺かなと予想したが、食べてみるとどうやら米っぽい味とも違う。

店内の壁に貼られたメニューを見て、僕はアッと声を上げた。「魚麵」と書かれていた。魚の、麺……？　恐らくこれは白身魚をすりつぶしてつくった麺なのだ。コシはないし、言われてみたら生臭い風味も若干する。

謎が解けた瞬間、僕は気持ちがパッと華やいだ。まさに希望していた島ならではの味である。これこれ、こういうのを食べたかったのだ！　と鼻の穴を膨らませた。

あえて日本語で表現するならば、「島そば」とでもいった料理になるだろうか。シンプルな塩味のスープだった。麺のほかには、しらすや海苔、それとこれもおそらく魚のすり身でつくったであろうお団子のようなものが入っている。メニューの「魚麵」の隣には「＋魚丸」と付け加えられている。魚丸、すなわちフィッシュ・ボールというわけだが、これもプリプリした食感で美味しい。

お碗からは目視できるほどにもうもうと湯気が上がっていて、それが見るからに尊いものに思えてくる。バイクの旅で冷え切った体があったまっていく。島そばは寒風が吹きすさぶ辺境の島で食べるには、これ以上ないほどのご馳走だった。

店の男の子が興味津々な様子で僕が食べるさまを遠目に眺めていた。

「オイシイ！」

僕が日本語で感想を伝えると、男の子はニヤリと笑みを浮かべた。オイシイぐらいは知っているのかもしれない。店の奥にいるのだろうお母さんに向かって、「ナントカカントカ、オイシイ、ナントカカントカ」と大声で叫ぶ。勝手に翻訳するならば、「おかあさーん、オイシイってよー」とでも言っているのだろう。

魚丸入り魚麵の代金は百元だった。それを支払うと、お母さんに「アリガトウ」と日本語でお礼を言われた。日本人が食べに現れたのを家族みんなで楽しんでいる雰囲気だ。話題を提供した者としてもなんだかうれしい。

食事を終えて時計を見るとまだ正午前だった。飛行機が着いたのが八時半だからまだ数時間しか経っていないことになる。それほどまでに小さな島なのだ。

拍子抜け、というより誤算だった。日帰りの強行軍で訪れたものの、なんと半日も経たずして見終わってしまった。帰りの飛行機が出るのは夕方五時過ぎである。なんと、あと五時間近くもあるではないか。どうしようかと途方に暮れる。都会のように時間をつぶせそうなカフェなんてあるはずもないし。

思案したすえ、僕はある決断を下した。

――帰ろう、台北へ。

飛行機は一日に三往復している。ちょうど昼過ぎに島を飛び立つ便があるので、予定を変更してそれに乗ってしまうことにしたのだ。まったく予期しなかった展開である。当初は一泊するつもりでさえいたのに……。

空港へ戻り、航空会社のカウンターに向かう。お昼どきだからか、スタッフのお姉さんはお弁当を食べているところだった。食事中恐縮ではあるが、用件を切り出した。

「次の便に飛行機を変更したいのですが……」

同時に予約番号を伝える。お姉さんはキーボードをパチパチ叩いて、確認すると、えっという顔をして眉をひそめた。

壁山展望台から北竿空港が一望できた。街の間近にあるのが分かる。

「先ほど到着したばかりですよね……。もうお帰りになるのですか？」

突っ込みたい気持ちは理解できる。とんぼ返りもいいところだ。お姉さんはこちらの要望通り予約を変更し、ついでにチェックイン作業も済ませてくれたが、いかにも腑に落ちないといった表情を浮かべている。

——この外国人、私たちの島が気に入らなかったのかなあ。

などと解釈されたのかもしれない。気を悪くしたのなら申し訳ない気持ちになる。別に島のせいではなく、僕がせっかちなせいである。

帰りの便は、来たときよりは乗客の数は増えたが、やはり客席の数からするとガラガラというレベルだった。わずか五十分と飛行時間は短い。島にいるときはずいぶんと遠くへ来た気がしたが、それも錯覚だったのではないかと思えてくる。

なんだか呆気ない幕切れのようだが、島旅そのものには十分満足していた。まだ半日もあるのならば、台北で有意義な時間を過ごしたい欲が湧いてきただけだ。忙しない旅人なのは筋金入りなのだなあと、自分でもほとほと呆れ返る。

ともあれ、旅はまだ続く。いよいよフィナーレを飾るべく、僕はふたたび台湾一の大都会へ舞い戻ったのであった。

第四章　ふたたび台北

（十）謎はたぶんすべて解けた

故郷に里帰りしたような懐かしさに駆られた。台北は僕にとって心安まる街である。美味しいものは揃っているし、お金さえ出せば欲しいものは何でも手に入る。地方都市や離島も楽しかったけれど、便利でかつ文化の薫りのする街はやはり居心地がいい。基本的に、自分は都会っ子なのだろう。

馬祖島へ行くために松山空港にアクセスしやすい宿に仮住まいしていたが、より中心部に近い中山路の常宿に引っ越しもして、本格的に台北滞在を楽しむ態勢に入った。

「前に来たことがありますね？」

チェックインしようとしたら、フロントのおじさんに指摘された。

「はい、何度も来てますよ。先月も泊まりましたし……」

そんなアピールが功を奏したのだろうか。おじさんはこのホテル内では当たりと言えそうな角部屋の鍵をくれた。やった。幸先よし、である。快適な都会ライフが始まりそうな手応えを覚え、僕は気分が浮き立った。

実は台湾を一周したことで、自分の中の「台北でやるべきリスト」が更新されていた。地方を旅して改めてこの国に対する関心が深まり、同時に新たな疑問が色々と生じた。それらの答えを、台北へ戻ってきたら探そうと思っていたのだ。旅の総まとめとしては、うってつけの街と言えそうだった。

永和《えいわ》というエリアへまず向かったのは、そんな疑問のひとつがきっかけだった。台湾は何を食べても美味しいが、個人的に今回の旅でとくに注目したのは朝食である。朝のクソ早い時間帯にもかかわらず、行列に並んでも食べようとする台湾人の食いしん坊ぶりに感動したエピソードはいくつか紹介してきた。これほど朝食に情熱を傾ける国は珍しい。台湾グルメの真髄は朝食にあり、とまで思ったほどだ。

そして、そんな台湾絶品朝食の中でも、王道中の王道と言える存在は何かといえば、真っ先に思い浮かぶのが豆漿、すなわち豆乳である。そのまま飲んでも栄養たっぷりだし、揚げパンを浸しながら味わうのも美味しい。

豆漿をウリにした朝食専門店は、地方都市でもどこでも必ず見つかったが、各地で食べ歩くうちに気になったことがある。それは、「永和豆漿」という看板を掲げる店が異様に多いことだ。「あれ、また同じ店名？」と何度も訝った。最初はフランチャイズなのかなあとも考えたが、店の雰囲気はまちまちだし、メニューも異なる。そもそも、共通のロゴがあるわけでもない。

調べてみると、至極単純な理由だと判明した。

「永和」というのは地名であり、そこが豆漿の本場なのだそうだ。日本でいえば、讃岐うどんや博多ラーメンが、讃岐や博多に限らず日本全国で食べられているのと似た感覚なのだろうか。要するに、「永和スタイルの豆漿」というわけだ。

さらには永和という場所が台北の郊外にあり、MRTで簡単にアクセスできることも分かった。正確には、台北市から橋を渡ってすぐ隣の新北市《しんぺいし》である。最寄りは中和線の頂渓《ちょうけい》駅で、台北中心部から十五分もあれば辿り着ける近さ。ならば本場へ行ってみようと思い立ったというわけだ。

永和豆漿が知られるきっかけとなった店は、その名も「世界豆漿大王」という。この名前の店自体も、台湾各地で見かける気がするが、それらもたぶんチェーンではないのだろう。同じ名前や似た名前を付ける発想は中華圏ではセオリーのひとつだ。なんだか紛らわしいのだが、永和にあるこの店こそが正真正銘の本家らしい。

というわけで行ってみたのだが、予想したよりも店内は広い。朝食専門店というと、こぢんまりとした店が多かったから、さすがは本家と感心させられる。

ただ、訪れた時間が少し遅かったせいか、店は空いていた。列に並ぶこともなく、難なく着席。若い店員さんが注文票と鉛筆を持ってきてくれた。メニューがリストになっており、料理名の隣にチェック欄がある。注文したい内容を客が自分で書き込む方式のようだ。

豆漿だけでも種類が複数あって迷うが、とりあえず定番のつめたい豆漿に決める。さらには、揚げパンと焼餅加蛋《シャオビンジャーダン》の欄にチェックを入れた。料金はそれぞれメニュー横に書かれており、三つ合計で六十五元と格安だ。

注文票を店員さんに渡すと、すぐに頼んだ品物がテーブルに運ばれてきた。店員さんは愛想がないものの、動きがやけにテキパキとしている。さすがは朝食店といった感じのクイックな応対が印象に残った。

形態こそファストフードだが、なんといっても本家である。安くて、早いだけでなく、味も一流——かというと、案外そうでもなかった。美味しいことは美味しいのだけれど、正直なところアレッとなった。なんというか、独特の苦みがあるというか。個人的には豆乳はもう少しまろやかな方がいい。

きっと好みの問題なのだろうなあ。僕にとっては、あれまあ、という結果であったのだ。もうこの際、本家まで足を運んだという事実を重要視したい。思い出くん、ということで。

世界豆漿大王は、豆漿の専門店を謳いながらも、メニューはかなり豊富だ。軒先には蒸籠も積まれており、中には小籠包が蒸されているのを見て、涎が出そうになった。朝食セットをペロリと平らげたばかりだというのに、我慢できなくなってさらにはその小籠包を追加で注文したのである。九十元と先ほどの三品の合計よりもお高いが、小籠包としては格安の部類に入るだろう。

こちらもやはり、頼んで一分もしないうちに運ばれてきた。一通り食べ終わってから追加オーダーすると、次の料理が出てくるまで待たされて、結局満腹になってしまった、なんて失敗もやりがちだけれど、これほど素早いとそんな心配も無用だ。

いたってノーマルな小籠包だった。普通に美味しいのだけれど、際立った特徴はない。可もなく不可もなく、という感じ。小籠包については本家とは関係がないし、思い出くんの琴線には触れなかった。あくまでもおまけということで。

食後は台北に戻って、迪化街《てきかがい》へ向かった。乾物や漢方などの店が並び、昔ながらのレトロな風情が漂う問屋街だ。台北の主要な観光コースとして超有名なので、いまさら多くを語る必要もないだろう。

この旅では故宮博物院にも士林夜市にも行っていない。ここにきて、初めて王道スポットを訪れる格好となったのだが、僕の目的地は迪化街の中にある永樂《えいらく》市場という布専門のマーケットだった。

実は台南や台東にいたときに、帆布の工房を目にする機会があった。いかにも老舗といった雰囲気の小さな工房では、カラフルなカバンが土産物としても売られていて、ああいいなあと目を細めたのだ。

　これも気になって調べたのだが、帆布製品は台湾の伝統工芸のひとつらしいと分かり、俄然興味が湧いてきた。ネットで調べ物を始めると、リンクを辿ったり、出てきたキーワードについて検索したりするうちに、どんどん知識欲が増幅していく。

「そういえば、迪化街に布市場があったような……」

　そうしてふと思い出し、足を運んでみたというわけだ。行き当たりばったり型の我が旅では、こういう連想ゲームのような行動パターンがとても多い。

　永樂市場は完成品ではなく、生地を扱う問屋が集まった市場だ。裁縫スキルはゼロなので、買うつもりはなく、基本見るだけである。狭い通路を歩きながら、パシャパシャと写真を撮る。無数の布が陳列されている光景は絵になるし、冷やかすだけでも相当に楽しい。

女子の女子による女子のための市場という感じ。男子でも女子力の高い人なら……。

案の定というか、客層は九割以上が女性だった。それも若い子が多く、中には学校帰りと思しき制服姿の女子高生の姿も見られた。いかにも文化系の大人しそうな女子グループだ。台湾の学生服は日本のものと似ていて不思議な気持ちになる。

自宅のテーブルクロス用に、一枚ぐらいお土産に布を買おうかとも思ったが、あまりに場違いな雰囲気なのを感じ取り、そそくさと退散した。夫婦で来ていたなら、うちの奥さんが大喜びして買い漁っただろうなあ。

台湾へ来てからかれこれ二度目の週末を迎える。今回の旅には来られずじまいとなった奥さんの代わりというわけではないが、台北では日本から友人がやってくる手はずになっていた。といっても、合流が決まったのはつい数日前のことだ。

「いつまで台湾にいるの？」

ＳＮＳのメッセージで訊かれ、「次の週末まではいるよ」と答えたら、なんと来るというから驚いた。なにせそのやりとりをした時点で、友人がいたのは日本ではなく南米のウユニ塩湖だったのだ。自分もあまり他人のことは言えないが、あまりにフットワークが軽すぎて、感心させられたというよりも、呆れたというのが正直なところだ。

やってくる友人は、ヤーマンという。過去の旅でも何度も合流しており、我が旅行記にもしばしば登場しているので、そろそろ紹介は省いてもいいだろう。何度も登場する人物は、扱いがだんだん雑になってくるのである。

そういえば先日僕の講演会に彼がいたので、「あの人がヤーマンですよ」と会場に来てくれた読者に教えたら、まるでタレントに会ったかのように目を輝かせて喜ぶのでちょっぴり嫉妬した。他人の講演会場だというのに、何食わぬ顔でパソコンで自分の仕事をしていたりするのを目の当たりにして、読者の方々も彼の人物像について大いに納得したようだった。

考えたら、台湾に到着した当初も友人と一緒だった。旅の始まりと終わりが賑やかなものになった。来る者は拒まず、去る者は追わず。週末だけでも気軽に来られる台湾は、現地合流、現地解散がしやすい国だなあと改めて思う。

永樂市場を出て、迪化街をぶらぶらしていると、そのヤーマンからメッセージが届いた。台北へ無事到着し、部屋に荷物を下ろしたという。彼も同じホテルなので、ひとまず戻って合流することにした。

外国で友人・知人と待ち合わせをするのは新鮮な体験で、大抵はワクワク感を伴うものだが、ヤーマンだけは例外だ。不思議なことに、もはやまったく違和感がない。ロビーの外でタバコを吸って待っていると、彼は部屋から降りてきた。「ああ、いつものヤーマンだ」と思ったぐらいで、お互いとくに改まって挨拶もしない。

さっそく晩ご飯を食べに行くことにした。

「小籠包と麻婆豆腐どっちがいい？」

そう訊かれて、僕は麻婆豆腐と即答した。

「口がすでにマーラーだよ」などと言葉も重ねる。

マーラーとは麻辣のことで、ただ辛いだけでなく、ピリピリとした山椒の辛さを言い表す。四川料理ならではのあの独特の味付けが大好物なのだ。

ヤーマンはどちらかといえば小籠包を食べたそうに見えた。もう一週間以上もこの国にいる僕とは違い、台湾へ到着したばかりの彼としてはまずは小籠包となる気持ちは分からないでもない。

でも、申し訳ないのだけれど、小籠包だけは絶対パス。だって、ついさっき永和で食べたばかりだもの。さすがに連チャンはきつい。もちろん、そのことは告げずに、純粋に自分はいま猛烈にマーラーが食べたいのだ、何が何でもマーラーなのだとアピールをした。

結果、麻婆豆腐に決まった。しめしめ、である。

MRTを乗り継ぎ、忠孝敦化《ちゅうこうとんか》駅で降りた。やってきたのは、「四川呉抄手」という店だった。

「台北に美味しい四川料理の店があるんだよねえ」

前々からヤーマンに聞かされていたところだ。彼とは横浜の中華街などでも一緒に四川料理に挑んだりしており、密かにマーラー好き仲間でもある。あれこれ食べ歩いた中で、台北のこの店がナンバーワンなのだと彼は豪語していた。

店内は大混雑で、空席がないほど賑わっていた。台湾では満席になるほどの人気店に外れはないことを散々知らされてきたから、早くも名店の予感を覚える。入口で十五分ほど待って、ほかの客と相席でいいならとテーブルに案内された。

麻婆豆腐と、これまた四川料理の代表メニューと言える水煮牛肉と、あとは紅油抄手《ホンヨウチャオショウ》をオーダーした。

「青菜野菜とか、サッパリ系も頼めば良かったかなあ」

出てきたお皿を見て、ヤーマンがボソリと呟いた。三品が三品ともビジュアルはザ・赤色という感じで、見るからに辛そうだ。男二人だと後先考えずに、こういうセンスのない組み合わせで注文してしまうのだった。

「まあ、ビールが進みそうだし。なんといっても口がマーラーだからね……」

あまりフォローになっていないが、飲み始めたら見た目の色のバランスなんてどうでもいいのだ。男は黙ってマーラーなのだ！　と強引に自分たちを納得させる。

美食家の彼が絶賛するだけあって、どれも非常にウマかった。これぞ本格派の四川料理といった装いながら、綺麗な器に盛られ、本場・成都で食べるよりはどことなく上品な仕上がりのマーラー味だと感じた。

とりわけ圧倒されたのが、紅油抄手だ。抄手とは四川語でワンタンを意味するのだが、店名にも付いているだけあって、看板メニューなのだろう。台湾のワンタンの店で見るのと比べてだいぶ小ぶりで、ボール状のワンタンが、お碗にコロッと入って出てきた。味付けは当然マーラーだが、ラー油の辛さが絶妙でしつこくない。酒のつまみに最高の一品、いや逸品である。

「辛い辛い辛い、ああ辛い〜」とヒーヒー言いながら、グビグビッとビールで口直しをする。大瓶の台湾ビールがどんどん空になっていく。

麻婆豆腐には一家言あり。マーラー味がたまらなく好きなのです。

手の平サイズの小さなコップに、とくとくとビールを注ぐ瞬間、ああ台湾だなあとしみじみ。いまや毎日の恒例行事であるが、酌み交わす相手がいるのは久々だ。酒盛りの相手がヤーマンというのは、微妙に代わり映えがしないのだけれど……なんて憎まれ口を叩きつつ。わざわざ来てくれたことに、内心では感謝もしている。

（十一）曇りのち晴れときどき小籠包

「良かった、雨は降っていないや……」

翌朝、目が覚めて窓のカーテンを開けたら曇り空なのを見て、ホッと安堵した。本当は晴れ渡った青空が望ましいが、ゼイタクは言わない。

ヤーマンが合流することになり、気がかりだったのがズバリ天気だ。彼はこれまで数々の武勇伝を築き上げてきた。本人はネタにしつつも、実は結構気にしてそうだから、あまり書かないであげたいところだが、無慈悲なモノカキとしては容赦はせずにこの話題に切り込んでいく。

決定打となったのは、一緒に欧州を旅したときのことだ。フランスのニースで開催される春の祭典、カーニバルを彼と観に行った。何ヶ月も前から計画を立て、桟敷席の最前列のチケットまで事前に押さえて意気揚々と向かったのだが——

なななんと！　雨で中止になってしまったのだ。

思い出すだにショッキングな出来事だった。いまだに根に持っているというか、他人のせいにするしかないというか、とにかくそれ以来、我が家では史上最強の雨男の称号を確固たるものとしている。

本日は土曜日である。実は珍しく予定が決まっていた。この週末に台北で開かれる某イベントを見に行こうと、ヤーマンと打ち合わせていたのだ。

どんなイベントかというと、コミケだ。コミックマーケット、略してコミケ。言わずと知れた、同人誌即売会である。

日本ではいまやお馴染みとなったオタクの祭典は、海を越え、ここ台湾でも定期的に開催されている。しかも、とんでもなく盛り上がっていると風の便りで耳にし、かねてより見に行きたいなあと狙っていたのだ。

タイミングの良いことに、今回の台湾旅行と日程が重なった。

いや、それは嘘である。コミケが開かれるこの日程に合わせて、旅をスケジューリングしたのが真相なのだ。

以前より公言しているが、アニメやゲーム、マンガやラノベといった、いわゆるオタクカルチャーは、自分としては旅に次いで大好きなジャンルのひとつだ。それも、近頃はパンピー向けの作品よりも、よりオタク指数の高い作品への興味がますます増している。

ここで言う「パンピー」とは、一般ピープルの略だ。分かりやすい例を出すなら、『ドラゴンボールZ』『ワンピース』『ドラえもん』『名探偵コナン』などはパンピー向けアニメと言えるだろうか。ほかにはジブリ作品などもまさに典型例だ。

　そういう万人受けする作品ではなく、もっと本格的にオタク臭がする作品群に傾倒しているのである。アニメなら深夜帯に放送されているもの。原作はラノベというパターンが多い。いい歳して……と白い目で見られそうな気もする。いまだにこの手のオタク世界に対する世間の偏見が根強いことも知っている。

　でも、僕は声を大にして言いたい。観もしないで馬鹿にしてはいけないのだと。

　おもしろいものは、おもしろいのである。たかがアニメとはいえ、ときには心揺さぶられ、感動のあまり涙を流すことさえある。ラノベとはいえ、直木賞を取った小説よりも何万倍もおもしろいと感じる娯楽大作だって珍しくない。

　そんな日本のポップカルチャーが、海外で人気を博している。「クールジャパン」などと言われて久しいことは、皆さんご存じのはずだ。

　そして、中でもとくにアツイのがここ台湾なのである。なんと言ってもコミケが開かれるほどだ。台湾好きであり、しかもオタクを自認する旅人としては、これ以上ない魅力的なイベントと言えた。大きな期待を胸に会場へ向かったのである。

　台湾版コミケの正式名称は、「開拓動漫祭」である。「Fancy Frontier」という英語での別名も付いている。ファンの間では「ＦＦ」と略すようだ。年に二回、夏と冬に開催されているのは日本のコミケと同様である。

今冬でもう二十五回目になるというから、その歴史は結構長い。前回までは国立台湾大学の総合体育館で開かれていたそうだが、今回の「FF25」から会場は台北北部の花博公園に移った。MRTの最寄り駅は淡水線の圓山《えんざん》駅で、僕たちの宿がある中山駅からは乗り換えなしでわずか三駅と近い。

中心部では地下鉄のMRT淡水線だが、圓山駅から先は屋外を走る。列車を降りると、ホームから見下ろせる位置に目的地の花博公園が現れた。

まだ午前中も早い時間だというのに、駅構内の時点で早くもかなり混雑している。男子用トイレに順番待ちの列ができているのはレアな光景だ。見るからにコミケに行きそうなタイプばかりで、分かりやすい。オタクの出で立ちは万国共通なのだ。

改札を出て人波についていくと、イベント内容を告知する大きな垂れ幕が掲げられていた。「開拓動漫祭」というロゴと共に、萌えイラストが描かれている。まずはこの垂れ幕の前で自撮り棒を——と思ったが、同行者がいるので撮ってもらう。右手を腰にあて、左手をあげて笑顔でカメラ目線を向けると、ヤーマンはそのことには何のツッコミもせずに冷静にシャッターを押してくれた。

「九時からみたいだから、入場の瞬間も見られるかな」

などと言いながら、例によってスマホの画面と睨めっこしている。彼はこのイベントに来るのは二度目で、自ら水先案内人を買って出てくれている。IT系媒体のライターをしているせいか、業界の知り合いも取材で来ているらしく、実はヤーマンを通じて事前に事務局にプレス申請まで行ったうえでの訪問となった。

　自分としては正直なところ取材というほど畏《かしこ》まった気分ではないのだが、利用できるものはありがたく利用させてもらう。入口には長蛇の列ができていたのを横目に、プレス向けのカウンターへ立ち寄りパスをゲットした。並ばないで済んだだけでなく、入場料の二百元も払わずに中へ入ることができたのだった。なんだかズルをしているみたいで申し訳ない

突入前からテンションは高い。海外でコミケという非日常感が素敵。

気持ちになる。

会場へ足を踏み入れて、まず驚いたのは人の多さだ。盛況、なんて生やさしいレベルではない。狭い通路を埋め尽くすようにして人がギッシリなのだ。右を見ても、左を見ても人、人である。前へ進むのもやっとなほどで、目が回りそうになる。

「夏に来たら大変なことになりそうだねえ」

真冬の最中ですらこの熱気なのだから、想像しただけでくらくらしてくる。

東京の満員電車並みの大混雑に圧倒されながらも、意を決して歩を進めていく。通路を挟むようにして、出展サークルのテーブルが並べられ、作品が展示・販売されている。気になるブースで立ち止まっては、パラパラめくって内容を物色する。これぞ由緒正しき同人誌即売会といった雰囲気で、会場内で展開されている光景は、日本のコミケと大差ないと感じた。

同人誌のラインナップを一通り見て回ると、台湾でどんな作品がいま人気なのかが窺い知れる。基本的には、日本のアニメやゲームが中心だ。そして、日本との流行りのタイムラグがほとんどないことにも感心させられた。僕が分かる範囲で目についたものを紹介すると、『ラブライブ!』『艦これ』『ソードアート・オンライン』といった作品は、複数のサークルが扱っていた。

もちろん、日本とは違う点もある。台湾はエロに対して厳しく、いわゆる十八禁は規制対象となっているらしい。売られている薄い本をいくつか立ち読みした限りでは、中身は割と健全だなあという印象を抱いたりもした。

一冊当たりの単価はだいたい二百元前後。物価が違うとはいえ、日本での相場と比べると割安と言えるかもしれない。同人誌以外にも、キーホルダーやクリアファイルといったキャラクターグッズも売られているし、コスプレイヤーの写真集なども人気があるようだった。

せっかく来たのだから、冷やかすだけでなく記念に何か買いたいなあと思っていたら、ヤーマンがおもしろそうなブースを見つけた。

台湾や中国の鉄道の解説本である。車両ごとに型式やスペック、概要などが丁寧に綴られているのだが、単なる解説本ではなく各鉄道を萌えキャラとして擬人化させた創作物だ。台湾高鐵など、今回の旅で僕が乗車した列車も載っている。しかも、なんと日本語版まで用意されていたので欲しくなった。

僕が一冊に、ヤーマンが二冊（違う種類のヤツを）と計三冊もお買い上げ。クオリティの高さに敬意を表し、財布の紐をゆるめたのだった。

「これ差し上げます。少し破けているので……」

代金を支払うと、サークルのお兄さんはそう言って、紙袋をおまけで付けてくれた。鉄道キャラクターが描かれた美麗な紙袋だが、これも当然売り物である。少しぐらい破れているからといってタダで付けてくれるなんて、心やさしいお兄さんだ。

「ありがとう」

お礼を言ってその紙袋を受け取ろうとしたのだが、ここでなんとヤーマンから待ったがかかった。

「さすがに申し訳ないし。そしたら、その紙袋の代金も支払います」

思いも寄らぬ申し出に、僕は――そしてたぶんそのお兄さんも――呆気に取られた。同時に、彼らしいなあと思った。図々しさが取り柄の僕とは対照的に、こういうところで妙に律儀な男なのだ。

ともあれこの紙袋の一件は、いかにも台湾らしい人情味に触れられたエピソードと言えそうだった。ついでに書くと、会場は激しく

リア充オーラが漂わない居心地の良さ。さらなる仲間意識を抱く。

混雑しているが、決して殺伐とした雰囲気ではないことにも感心させられた。人気のサークルは長い順番待ちとなっているものの、しっかり列が形成されている。横入りするような不届き者がいないのは、民度の高さゆえのことだろう。さすがは台湾、と言うべきか。秩序が保たれており、居心地は悪くない。

会場内には同人サークルのほかに、企業ブースも出ていた。実は僕自身、新卒で入社した会社の研修で、コミケの販売員を経験させられたことがある。その会社が企業ブースに出展していたのだ。もう十年以上も昔のことだが、懐かしくなった。

前日から乗り込んで、せっせとブースの設営を行い、殺到するお客さんを捌きつつ、終わった後は片付けまで手伝った。ものすごく大変だったけれど、いまになって振り返るといい研修だったなあと遠い目になる。コミケにはいい意味での手作り感が漂っている。みんなで一致団結して文化祭の出し物をしたような達成感が味わえるのだ。

台湾のコミケとはいえ、日本人の出展者も特筆すべきほど多かった。買う側ではなく、次は売る側として参加したいなあ、などと大それた野望が頭をもたげる。まあでも、肝心の絵心がないのだけれど……。

ほかにも声優さんのライブステージが催されたりと、実に盛りだくさんのイベントだったが、コミケと言えばもうひとつ欠かせないものがある。

コスプレ、である。華やかなキャラクターに扮した数多くのコスプレイヤーの方々が、台湾のコミケでも彩りを添えていた。そして、彼女たち（彼ら）を目当てに、物々しい撮影機材を抱えて奔走するカメラ小僧たち。もはや風物詩と言える光景だが、何を隠そう僕自身もメラメラと小僧魂を燃やしていたのである。

レイヤーさんの多くは、十代〜二十代と思しき若者たちだった。普段なら声をかけるのも憚《はばか》られるが、ここでは無礼講だ。撮らせて欲しいと伝えて、断られることはあり得ない。向こうもそのつもりでコスプレしてきているのだ。

みな思い思いのポーズを決め、作品世界に浸っているのか物憂げな表情を浮かべてくれる。そのさまは堂々としており、清々しさを覚えるほどである。

なお、撮影をお願いするときは、こちらは日本語である。まったく問題なく通じるのは、彼女たちが日本のアニメに日頃から慣れ親しんでいるせいだろうか。レイヤーさんに限らず、コミケ会場内では日本語の通用度が非常に高かったことも書いておく。

二人で訪れたものの、会場内ではお互いほぼ自由行動としていた。僕がパシャパシャ写真を撮りまくっている一方で、ヤーマンは早々に退散し、建物外の中庭スペースの片隅に陣取ってスマホをいじっていた。人込みに疲れたのか、あるいは飽きたのか。

「おれ、先に出るわ。いったんホテルに戻ってこれ置いてきたいし」

　遂にはそう言い残して、立ち去ってしまった。例の鉄道の解説本が入った紙袋は、かさばるけど重いわけではないし、わざわざホテルに置きに戻る行動がやや解せない。ああ、そうか。紙袋のいかにも萌えな絵柄が目立つから、持ち歩きたくないのかもしれない。勝手な想像ではあるが、意外とそういうことを気にしそうなタイプだ。

　一人残された僕は、ここぞとばかり活動範囲を広げた。花博公園は広大で、コミケ会場からは遠く離れた場所でも、あちこちでレイヤーさん撮影会が行われていたのだ。人だかりを見つけたらいそいそと輪に加わり、撮って撮って撮りまくった。

　周囲には椰子の木がにょきにょき生えていたりして、南国的な景観なのがとてもいい。

元ネタが分からずとも楽しめる。気さくでいい子が多かったなあ。

撮影には絶好のロケーションだし、ああ台湾だなあと実感させられる。それでいて、被写体は日本のアニメキャラクター（のコスプレ）という不思議体験。

今回のちょっぴり長い台湾旅行のハイライトがコミケというのもなんだかなあという気はするが、まあそれも自分らしくていいだろう。よりディープに、もっともっと台湾のことを知りたいという、ある種の好奇心に突き動かされる形で旅してきたのだとしたら、むしろこれ以上ない幕引きと言ってもいいぐらいだ。

流れは続くものである。

コミケが行われたこの週末には、「台北ゲームショウ」なる別のイベントも開かれているという情報を耳にした。会場はＴＡＩＰＥＩ　１０１の目の前にある「台北世界貿易中心」（ワールドトレードセンター）で、日本でいえば幕張メッセや東京ビッグサイトのような大規模な展示会スペースだ。

同人の集いから一転してこちらは完全なる商業イベントになるが、扱うテーマは似通っている。再びヤーマンと合流し、ふらりと足を運んでみると、こちらもとんでもない集客で、台湾におけるクールジャパンの勢いをさらに見せつけられた。

お馴染みの日本のゲームメーカー各社が出展しており、試遊台の前にはやはり順番待ちの列ができている。いくつかプレイしたいタイトルもあったが、さすがに並んでまでやるのも……ということでスルー。代わりというわけではないが、ここでもカメラ小僧化してコンパニオンの女性たちを激写してお茶を濁したのだった。

コミケのレイヤーさんにはそれほど興味を示していなかったヤーマンも、別人のように嬉々としながらカメラを構えていたのが印象に残った。

「こっちはプロのモデルさんだからねえ。金がかかっている方が美人さんが多くなるというか。そうそう、コンピュテックス台北とか、マジでレベルが高いから」

なるほど、彼は面食いなのだ。モデルさんのようなスラリとした美人が好みなのだろうか。確かに美女レベルは明らかにこちらの方が高いけれど……。

ちなみにコンピュテックス台北というのは、コンピューター業界の展示会で、ＩＴライターの彼は取材と称してよくそのイベントにも出没しているのだそうだ。そこまで推すのならば今度見に来ようかな、と期せずして新しい目標もできる。

ゲームショウの会場を出ると、ポツポツと小雨が降り始めた。あらら。僕は顔をしかめた。せっかくここまで来たので、久々にＴＡＩＰＥＩ １０１の雄姿を間近に眺め、あわよくば展望台にでも上ろうかな、などと密かに考えていたのだ。

とはいえ、こうなることをそれなりに覚悟もしていた。

疑惑が同行者である自分に向けられたことを感じ取ったのか、ヤーマンは「おれのせい？」とでも言いたそうな不本意な表情を浮かべた。はい、あなたのせいです、と率直に思ったけれど、僕も大人なので口には出さない。

仕方ないので、市《し》政府《せいふ》駅方面へ歩きつつ、雨宿りも兼ねて誠品《せいひん》書店へ入った。台湾で最も有名なこの本屋さんは、僕も愛好者の一人だ。都会のオシャレな雑貨店とでもいった洗練された雰囲気がたまらない。本だけでなく、アパレルショップやフードコートなども入っており、長居しようと思えばいつまでもいられそうな魅力的なお店。

「知り合いの本が台湾で出版されたんだよね」

ヤーマンはその知人が書いた本を探し始めた。台湾では日本の本や雑誌が大人気で、日本でヒットしたタイトルは次々翻訳出版されている。僕の本でさえ過去に何冊か翻訳されたほどだ。

誠品書店は楽しい。台湾の書店の充実ぶりはアジアの国々の中では特筆レベルだ。

自分の本が書店に並ぶというのはうれしいことで、しかもそれが外国の本屋さんとなると喜びも倍増する。「旅遊」と書かれた旅行書コーナーを覗き、実際に我が本が並んでいるのを見たのもここ誠品書店だった。

本探しに時間がかかりそうなヤーマンを待つのに、僕は地下の「天仁茗茶」へ向かった。茶葉を売る店として知られているが、ドリンクスタンドが併設されていてテイクアウトもできる。こんな店までもが行列になっていた。台湾の人は本当に並ぶのが大好きというか、苦にならないのだなあということも、この旅で痛烈に思い知らされた。

今回の旅では、台湾のこういったドリンクスタンドにも何度もお世話になった。この国を一周する中で、どこの街でも必ず見かけたのだ。そういえばここまでその話は詳しく書かなかったかもしれない。喉が渇いたときの気軽な駆け込み寺であり、あまりにも日常的すぎてウッカリ失念していた。

主力のメニューはお茶である。烏龍茶や鉄観音茶、紅茶などさまざまで、店によっては同種のお茶でもさらに細分化されている。そのときどきの気分に応じて色々試してきたが、たとえば食後などでスイーツを欲している場合には、珍珠奶茶という、タピオカが入ったパールミルクティーを選んだりする。タピオカ入りは最初からメニューに載っている店もあるし、トッピングとして別料金で追加できることもある。

確か花蓮のドリンクスタンドでのことだったが、夕食の帰り道に立ち寄ったらタピオカが今日はもう品切れですと言われ、ガッカリ項垂《うなだ》れるという出来事があった。夜遅くになると、そういうことも起こり得るようなので要注意だ。

オーダーの仕方は若干複雑だ。といっても、覚えてしまえば難しくはない。

まずはホットかアイスを選ぶ。なんだかんだいって南国なので、やはりアイスにすることが多いだろうか。その場合には、氷の量を指定する。好みによりけりだが、味が薄まると残念なので僕は「少なめ」が定番だ。そうしてさらには砂糖をどれだけ入れるかも注文時に選ぶ。自分で入れるのではなく、店の人が入れてくれるわけだ。

毎日のように飲んでいると、だんだん病みつきになってくる。普段日本にいるときには僕はコーヒーをがぶがぶ飲むのだが、中毒性はそれに近いものがある。

専用の機械を用いて、蓋代わりのビニールでコップの口を覆った状態が完成品。これはドリンクスタンドのほか、夜市の屋台なども同様である。あの機械はアジアのほかの国々でも見かけるが、台湾が発祥なのだと聞いた。ガッチャンとすると、いとも簡単に蓋が装着されるのはマジックを見ているようで惚れ惚れする。一度でいいから自分で操作してみたい。

そのビニールの蓋に太いストローをブスッと刺して、チューチュー飲み始めると、途端にリラックスモードに切り替わる。僕の中での台湾の愛おしき一コマだ。

行きたいところはあらかた行き尽くし、コミケも期待した以上に満喫したのだが、最後に目にしたTAIPEI 101の頂上付近が、どんよりとした厚い雲に覆われていたのはわずかに心残りとなった。

全長五百八メートルという超高層ビルは、まさに台北の街のシンボルである。その威容をこの目に収めることを旅の終わりとできたならば、物語としては綺麗なエンディングになるのになあ……と口惜しさが募る。創作物ではなく、旅行記となるとどうしてもすべてが思い通りにいくことはないのだった。ついヤーマンのせいにしてしまったが、これればかりは本当に運次第というか、天気の問題である。

でも、あきらめたらその時点でゲームオーバーだ。

土曜は一泊し、日曜の午後の便でいよいよ帰路につく。最終日の午前中ならばぎりぎりまだ時間がありそうだった。僕はラストチャンスに賭けることにした。

その晩は祈るような気持ちで眠りについた。そうして翌朝、目が覚めてカーテンを開けて——おおおっと僕はどよめいた。なんと晴れていたのだ。ピーカンではないものの、雲の切れ間から青色が望める。想い焦がれた青色である。

先にホテルをチェックアウトして、荷物はヤーマンの部屋へ持っていった。

「おれはパス。自分の荷物もリュックだけだから、後で持っていくよ」
そんな素敵な提案をされたので、お言葉に甘えることにした。彼は帰る前にどうしても鼎泰豊で小籠包を食べたいと言う。では昼食は鼎泰豊にしようと決めて、後ほど店で待ち合わせることにしたのだった。

逸る気持ちを抑えながら、早足でいつもの中山駅へ向かった。MRT淡水線で南下すると、中正紀念堂《ちゅうせいきねんどう》駅から東方向へと進路を変え、名前もMRT信義《しんぎ》線と別のものになる。数年前に開通したばかりのこの新しい路線のお陰で、鼎泰豊の本店がある永康街《えいこうがい》や、TAIPEI 101へのアクセスが格段に便利になった。

僕は台北101駅の隣の、象山《しょうざん》駅で降りた。MRT信義線の終点である。ここには駅の名前にもなっている象山という山がある。山の中腹は絶景の見晴らしスポットになっており、TAIPEI 101の全容が望めるのだという。どうせなら山に登って、最高の景色を目に焼き付けたい欲に駆られ、やってきたのだ。

台北には何度も来ているというのに、象山に足を踏み入れたのは初めてだった。駅からなだらかな斜面を登っていくと、登山口が現れた。小さな露店が一軒だけ営業しており、飲み物が売られている。念のためペットボトルのミネラルウォーターを一本購入して、カバンに入れた。十八元と、場所の割には高くない。

頂上まで登ると数時間はかかるというので、とりあえず途中のビューポイントまでと決めていた。それゆえ、街歩きのままの軽装だ。山登りといっても、都会の間近にあるわけで、裏山のようなところだろうと勝手に想像し、舐め切っていた。

ところが、いざ登り始めると、すぐに僕は後悔した。登山道には階段が設けられ、歩きやすいことは歩きやすいのだが、勾配がかなりきつい。ゆるやかに標高が上がっていくのではなく一気に上がるタイプで、五分もしないうちにゼイゼイ息が上がり始めた。見た目はいかにもヨボヨボそうなおじいちゃんにまで追い抜かれてしまう始末。あの歳でなんという健脚なのか。というより、自分があまりにもヘタレなのだろうなあ。

うれしい誤算もあった。都会の間近とは思えないほど、自然味にあふれているのだ。それは裏山レベルではなく、結構本格的に山だと感じた。

東京でいえば高尾山のような存在を想像

都会の中にこんな自然スポットがあるとは！　まだまだ開拓し甲斐がありそうだ。

するといいかもしれない。冬とはいえ、日本とは生態系が違うから枯れ木はあまりなく、青々とした葉をつける樹木も見かける。立ち止まって呼吸を整えつつ、マイナスイオンに癒される時間はなかなか悪くない。辛い試練ではなく、楽しいトレッキングなのだと意識を切り替える。

ＴＡＩＰＥＩ１０１が見たい。それも、とびきりの絶景として拝みたい。明確な目的があると励みになる。一歩一歩、根性で登っていき、とうとう辿り着いた。視界が開け、眼下には都会の街並みが広がる。そして天高く屹立する高層ビル——。

うおおおっ！　思わず声が出た。

それは圧倒的な見晴らしだった。街が、僕が愛する台北がパノラマとなって目の前に展開している。苦労して登った達成感により、感動に幾分の補正がかけられてもいるのだろうが、それを差し引いても余りある、超が付く美景。写真に撮ったら、そのまま絵はがきになりそうだ。

しかも、である。山を登ってくるうちに、天候が様変わりしていた。どういうわけか、空が青く晴れ渡っているのだ。さっきまでちらほらと浮かんでいたはずの雲が、いつの間にか消失していた。

これぞ大どんでん返し。あるいは逆転サヨナラホームラン。

信じられない。まるで夢を見ているかのようだ。

頭の中で勝手に思い描いていたプロットが、創作物ではなく現実のものとなった。旅をしていると、しばしばこうして旅の神様が舞い降りることがある。憐れな旅人を見かねて、心のこもった贈り物を与えてくれるのだ。また妄想を……とたしなめられそうだが、超常現象というか、あまりにドラマチックというか、ちょっとできすぎで、僕にはそれぐらいしか解釈のしようがない。

見計らったのではないかというこのタイミングで、ヤーマンからメッセージを受信した。

「おれが行かなかったらいい天気になったね」

読んでニヤリとさせられる。そうか、それが真相かもしれないなあ。まあでも、今回は神様からの贈り物ということにしておきたい。

メッセージには、彼もすでにチェックアウトして店へ向かっていると書かれていた。そうだった。鼎泰豐で待ち合わせをしているのだ。山登りなんて、柄にもない運動をしたせいか、いい具合にお腹は減っている。

いつまでも観ていたい超絶の美景ながらも、不思議と名残惜しさはなかった。意気揚々と斜面を下っていく。乾坤一擲《けんこんいってき》の大一番に勝利を収めての凱旋下山。

さあメシだ、メシ！

山の下では、美味しい小籠包が待っている。

終章　みたび台北

（十二）またしても二泊三日です

二度の台湾旅行を経て、かの国に対する興味が加速度的に募っていった。気になって仕方ないのだ。まるで恋に落ちた者の心境である。

初めて訪れた国ならまだしも、過去に何度も訪問経験のある台湾がいまさらこれほどマイブームになるなんて自分でも意外だった。同窓会でかつてのクラスメイトに久々に再会し、胸がときめくような感覚にも似ているかもしれない。

日本での日常生活にも少なからず影響を及ぼし始めた。

たとえば、普段常用する飲み物をコーヒーから台湾茶に切り替えたのは、恥ずかしいぐらい分かりやすい変化と言えるだろうか。台湾茶ばかり朝から晩までがぶがぶ飲んでいたら、あっという間に自宅の茶葉の在庫がなくなってきた。近々仕入れに行かねばと、新たな旅の口実ができた事実を密かに喜ぶ我が身に呆れてもいる。

旅の熱はエスカレートしやすいものだが、自分はとくに熱しやすいタイプなのかもしれない。もうこれ以上は我慢できないレベルにまで渇望が高まった結果、さらなる台湾行きを決めたのであった。

そうして前回の旅からおよそ一ヶ月後となる三月四日。僕はみたび台北に降り立った。最初の旅から数えると、ほぼ三ヶ月連続で訪れたことになる。

もはや馴染みとなった桃園国際空港の第二ターミナルで、到着早々に僕が向かったのは地下二階のフードコートだった。ここに春水堂の空港支店が入っているからだ。台中に行った際には本店へも立ち寄った。珍珠奶茶、すなわちタピオカミルクティーの発祥とされるお茶の名店である。海外旅行で現地の空港に着いたら、真っ先にホテルへ向かうのがセオリーだろう。ところが、いきなりの寄り道なのである。

まずは駆けつけ一杯ということで、定番のタピオカミルクティーを注文する。前回の旅で余った台湾元で支払うと、例のビニールの蓋がされたカップが出てきたのを見て、ああ台湾だなあとしみじみする。

黒い球状をしたタピオカの粒が太いストローからぽこぽこと口の中に入ってきて、じわりとした甘みが広がった。その瞬間、また戻ってこられたうれしさと、また来てしまった気恥ずかしさがない交ぜになった複雑な気持ちになる。もちろん、うれしさの方がずっと勝るのだが。

「スイマセン、ニホンジン……デスカ？」

ミルクティーを飲んでいると、ふと声をかけられた。見ると、ちょっぴりふくよかでメガネをかけた若い台湾女性だった。ニコニコとした笑顔が妙に眩しい。

「はい、そうですよ」

気さくに返事をすると、アンケートに協力してくれないかと頼まれた。観光局の関係者だそうで、空港内で旅行者へ質問して回っているのだという。急いでいるわけでもないし、一人でミルクティーを飲んでいるだけなので快く応じることにした。

——台北へは何泊の予定か？

——過去三年間に台北には何回来ているか？

——台北で一番のお気に入りスポットはどこか？

そういった割とオーソドックスな質問を中心に、こちらの年齢や年収といったプロフィール要素を訊かれる。非常に朗らかな女性で、こちらが一言答えるたびに、なぜか「スイマセン」を連発し、やけに腰が低いのが印象に残った。

——今回は何をしに台北へ来たのか？

という質問に対しては、僕はスマホの画面に写真を表示させて答え代わりとした。日本語や英語で表現しても伝わらなかったからだが、写真を見ると一発で女性は納得したようだった。

闇夜に向かって無数の灯火が舞い上がっていく光景——写真はそういう内容のものだ。灯火の正体は何かというと、紙でできた小さな熱気球である。何千人もの人たちが一箇所に集まり、一斉に熱気球を放つ。年に一度開かれる、「天燈祭《てんとうさい》」と呼ばれる大きな祭りを台湾では明日に控えていた。

そう、僕はその祭りに参加するために台北へやってきたのだった。

お祭りを目的とした旅で最重要なのは情報だ。正確な日時はもちろんのこと、開催場所やそこまでのアクセス方法などを把握しないとどうにもならない。いつもは行き当たりばったりのいい加減な旅人ながら、今回はあらかじめリサーチしてきた。

といっても、さすがは日本人旅行者の多い台湾である。ネットで少し検索しただけで、知りたいことはいとも簡単に判明した。特定のお祭りとはいえ、日本語の情報は馬祖島よりもずっと豊富だと感じたほどだ。

天燈祭が開かれるのは、平渓《へいけい》という山里のエリアである。場所は台湾北部で、郊外というには無理があるほど台北からの距離は離れている。

列車で行く場合には、瑞芳《ずいほう》駅へ出て、平渓線に乗り換える。山あいを走る小さな鉄道路線として、近年とくに注目を浴びているローカル路線だ。途中には猫だらけの駅や、大きな瀑布があったりと、見どころが豊富だというので僕も気になっていた。

また瑞芳は、台北からの日帰り観光スポットとして人気の九份《きゅうふん》へアクセスする際の起点となる駅としても知られる。九份へは何度か行ったことがあるが、案外遠くて結局一日がかりになったことを思い出した。あの九份よりもさらに奥へ入ったエリアとなると、それなりに時間がかかりそうだし、しかも祭りとなると混雑は避けられない。

そこで、僕はバスで向かうことにした。天燈の開催日にだけ、臨時でバスが運行すると聞いたからだ。しかもバスはお祭り会場まで直行するというから、最も効率的な移動手段と言えそうだった。平渓線のレイドバックした風情も魅力的だが、あくまでも本来の目的であるお祭りを優先したわけだ。

台北に到着した翌日、朝九時頃にホテルを出た。お祭りは夜なのだが、参加するための整理券が午前中に配布されるのだという。

行けば誰でも参加できるわけではなく、人数が限定されている。事前の予約はできず、当日配られる整理券を入手しなければならない。それも早い者勝ちで、例年お昼頃には券がなくなるというので、早めに向かう必要があった。

ちなみに今回は二泊三日でやってきた。台北に到着したのが夕方で、帰国便は三日目の早朝だ。つまり、二日目が終日お祭りに時間が取られるとなると、ほかにはどこへも行けないことになる。まさにお祭りのためだけにやってきたのである。

ＭＲＴ文湖線に乗り、終点の動物園駅で降りた。台北市立動物園の最寄り駅であるが、同じ列車を降りた乗客のほとんどは動物園ではなく、お祭りへ行くようだった。動物園のゲート前は素通りし、バスの発着場所へ向かって歩いていく。道には親切にも案内板が出ており迷わずに辿り着けた。

来る途中で念のためイージーカードにチャージをしてきたが、バスは現金払いだった。運賃は五十元。着席が義務づけられているのか、一台のバスには席の数の人数のみしか乗れないようだった。とはいえ、バスは次々やってくるし、早めに出てきたお陰か、あまり待たずに乗車することができた。

バスは台北の郊外を抜け、山岳地帯へと分け入っていく。カーブが続く山道なので、確

臨時バスの乗り場へ辿り着く。祭りは夜なのに午前中から現地入り。

かに立って乗るのは大変そうだ。車窓を流れる豊かな自然の景観に目を奪われる。

だいたい一時間ぐらい走って、到着したのが十分《じゅうぶん》という街だった。バスを降りて、スタッフの誘導に従い坂道を登っていくと、やがてテントが立ち並んでいる一画に出た。ここがお祭りの受付らしい。

すでに長い列ができていたので最後尾に並んだ。列の進みは速く、すぐに自分の番が来て整理券を入手することができたのだった。受付といっても、名前を記入したりなどするわけでもなく、順番に券をもらうだけとイージーである。

ずいぶんと立派な整理券だった。表面にコーティングが施されており、雨に濡れても大丈夫そうだ。僕がもらったものには「第五場」と記載がある。お祭りは入れ替え制らしく、どうやら僕は五番目に入場できるようだ。

タイムスケジュールによると、全部で八つのグループに分かれていることが分かった。僕が受付に到着したのが午前十一時半頃で、その時点でもう五番目ということは、午後に到着したら整理券がなくなっていた可能性が高い。

ともあれ、無事に券を確保できた。ホッと安堵したが、第五グループの集合時間は十八時五十分である。なんと約七時間も待たなければならない。

とりあえず、せっかく来たので十分を見て回ることにした。

周囲を山に囲まれ、いかにも鄙びた山里といった佇まいながら、その素朴な景観とは裏腹に街は大勢の人々で賑わっている。十分は平渓線の停車駅の中でもとくに栄えたところで、僕のようなお祭り待ちの人間だけでなく、ローカル線の鉄道旅を楽しみにやってきた観光客もたくさんいるようだ。あまりの人出に目が回る。街の人口よりも訪問客の方が多いのではないかと思えるほどだ。

小さな路地に沿って商店が立ち並び、路上には食べ物の屋台もちらほら出ている。人だかりができていたので、なんだろうかと覗いてみると、地元の小学生による獅子舞のパフォーマンスが行われていた。

お祭りムード一色という感じ。街全体に漂う華やかな空気に触れ、僕は心が浮きたった。長い待ち時間とはいえ、これなら退屈せずに過ごせそうだなあ。

ぶらぶらしていると、そこかしこで熱気球を上げている光景に出くわす。

紙でできた熱気球――天燈である。

十分は天燈の街として知られ、祭りとは関係なく日頃から天燈の打ち上げが行われているのだという。土産物屋の軒先には、色とりどりの天燈が並べられており、「百五十元」などと値段が書かれている。購入すれば、店の人が打ち上げ方を手取り足取り教えてくれるようだ。

訪問の記念にと、やってみたい衝動に駆られる人が跡を絶たないのだろう。歓声が聞こえてきた方向を振り向くと、天燈が空高く上がっていく。ほかでは見られない珍しい光景で、旅心を大いにくすぐられるのだった。

打ち上げる天燈には願いごとを書き込むのがならわしだ。みな思い思いの願いを記している。それらを見ているだけでも、かなりおもしろい。

もっとも多いのが、「平安快楽」「身體健康」「世界和平」といった内容。外国語とはいえ、漢字だからなんとなく想像がつく。それら王道と言えそうな願いのほかにも、たとえば若いカップルなら「永遠愛」と書いていたり、「錢」などというそのものズバリの本音全開な願い事を記す人もいたりして、実に

天燈は色ごとに意味がある。赤が健康、黄が金銭、橙が愛情など。

バリエーション豊かだ。

日本語で書かれたものもやたらと目についた。実は整理券をもらうのに並んだときから感じていたのだが、異常に日本人が多い。個人で来ている人だけでなく、団体ツアーも催行されているようで、随所から日本語が聞こえてきて戸惑った。

あまりにも日本人だらけで、これはひょっとして大ブームなのかもしれないと思ったほどだ。以前は天燈はおろか、平渓というこの山奥のエリア自体が日本ではそれほど知名度はなかった印象がある。メディアなどで盛んに紹介されているのだろうか。普段テレビをほとんど見ないので分からないが、旅番組で扱うには格好のスポットだろうなあとは推測できる。

天燈と呼ばれるこの熱気球は、台湾以外でもしばしばお目にかかる。とくに有名なのがタイのチェンマイで、タイでは天燈のことを「コムローイ」と呼ぶ。

チェンマイでは毎年十〜十一月頃に「ロイクラトン」というお祭りが開かれ、夜空に一斉にコムローイを放つ。そのお祭りに僕は過去に何度も訪れたことがあるせいで、天燈というよりもコムローイのイメージが強いのだが、両者ともに原理はそっくりだ。

紙袋状の熱気球の口を針金で丸く巻き、円の中央にセットされた固形燃料に火を灯す。すると紙袋の中に空気がたまり、ふわりと上昇していく。

さらには中国でも似たような熱気球を上げたことがある。あれは確か武漢だったと思うが、三国志をなぞる旅をしていたときに出合ったのが、まさに天燈やコムローイと同じものだった。

中国ではまた名前が違って、「孔明燈」と呼ばれていた。孔明とは、かの有名な諸葛孔明から取ったものである。魏の司馬懿仲達に包囲された際に、外部の仲間に報せて救援を呼ぶのに打ち上げたのがそもそもの始まりなのだという。つまり、オリジナルは台湾でもタイでもなく、中国というわけだ。

十分では天燈を売る店に諸葛孔明のイラストが掲げられているのも目にした。やはり台湾でも、孔明ゆかりの熱気球として認識されているらしい。そういった予備知識などなくとも楽しめるが、三国志好きならばより一層感慨に浸れるはずだ。

随所で上げられる天燈を見学しているときのことだった。突如ピーッという笛の音が聞こえてきた。周囲はざわめき、通りの両端に一斉に移動し始める。

しばらくすると、信じられない光景が目の前に展開された。ガタンゴトンと列車がやってきて、ついさっきまで人々が天燈を上げていた場所を走り抜けていったのだ。

例の平渓線というローカル列車である。十分では、街の目抜き通りに沿う形で線路が敷設されており、線路の両脇に商店や食堂が並んでいる。本当にすれすれの距離を通るのだなあと僕は驚いた。列車が走り去ると、何もなかったかのごとく人々が線路の上に戻ってきて、熱気球の打ち上げが再開されたのだった。

これもタイの話になるが、列車が走る市場へ行ったことがある。いや、列車が走る場所につくられた市場と言った方が正しいかもしれない。

そこではなんと、線路の上にまで野菜や果物が並べられていた。列車の汽笛が聞こえると大急ぎで商品をまとめ、パラソルを閉じて線路の両脇へ退避する。とてもシュールな光景で呆気に取られたのを思い出す。旅を続けていると、色々と繋がっていく。十分で繰り広げられる光景は、まさにタイのあの市場と同じなのだ。

街のど真ん中を堂々と列車が走っている。線路の存在を無視するようにしてつくられた街だとも考えられる。これも十分の名物と言

街中を列車が突っ切る。そのうち改めて平渓線の旅もしてみたいなあ。

えそうだ。

七時間の待ちは最初こそ長いなあと感じたが、実際にはあっという間だった。あちこちで天燈が打ち上げられるのを見学しつつ、街中を走る列車の写真を撮りつつと、アトラクションが豊富で退屈はしない。食事処や喫茶店なども揃っており、ところどころで休憩タイムも挟んだりしているうちに、やがて集合時間が近づいてきた。

いそいそと会場のある十分廣場《ひろば》へと歩を進める。空を彩る天燈の数が、日中よりも明らかに増えてきた。日が落ちて、空の色が淡いものとなるにつれ、天燈の炎のゆらめきがより目立って見えるようになる。やはり、暗くなってからが本番のようだ。

廣場のそばに屋台村が設けられていたので、出陣前の最後の腹ごしらえをする。台湾屋台料理の定番のひとつ、麵線を食べているときだった。おおおっというどよめきが聞こえてきた。

みんなの視線の先へと目を遣ると、夜空に向かって無数の光が舞い上がっていくのが見えた。早いグループはもう打ち上げが始まっているらしい。

それは、まるで渡り鳥の群れが一斉に飛び立っていく光景のようだった。火の鳥の群れである。天燈がゆらゆらと上昇するさまは、単体でもとても綺麗だが、数が集まれば集まるほど美しさが増す。ましてや数百の規模となれば壮観の一言だ。

光の集合体が空の彼方に消えるまで、その場に立ち尽くして一部始終を見守った。闇夜を彩る極上のショウタイム。口をだらしなくポカンと開けながら見惚れ続けた。なんて美しいのだろう！　何度も、本当に何度もため息が出そうになった。

これはもう感動というほかない。拙い感想だけれど、シンプルにそんな言葉で表現したくなる。写真や映像で見るのではなく、現場に立ち会わないと絶対に得られない類いの感動である。まさにそれを味わいたくて旅を続けている者としては、冥利に尽きる瞬間と言えた。ああ来て良かった、と心から思った。

早くも興奮が絶頂に達したが、見るだけではなくこれから自分も参加するのだ。

僕は集合場所へと急いだ。打ち上げは入れ替え制で、整理券の番号ごとにグループ分けされている。自分の番号である「5」のプラカードを掲げるスタッフを見つけ、しばし待機していると、やがて列を形成するよう指示があった。そうしてその列のまま廣場へと入場する。なんだか運動会の入場行進のようでこそばゆいが、破綻のないしっかりとした段取りで、さすがは台湾だなあと感心させられた。

地面には等間隔で天燈が置かれていて、列になっている順番で天燈の前で止まっていく。各天燈の前には、お揃いのユニフォームを着たスタッフが待機していた。ひとつの天燈につき、一人のスタッフが付きっきりで面倒を見てくれるらしい。参加費無料のイベントにしてはサービスがずいぶん手厚い。

僕の担当は若い女性だった。「ニーハオ」と挨拶すると、ニッコリ微笑み、「コンニチハ」と返された。こちらが日本人であることは一目でバレたようだ。

廣場の正面には特設ステージがあって、司会者がマイクで何やら話している。続いてジャニーズのような若くて派手な男子三人組が登壇して、唐突にコンサートが始まった。これもお祭りの余興のひとつなのだろうか。

「いま歌っている人たちは、有名なグループなんですか？」

何気なく訊いてみると、我がコンシェルジュの女性は大げさに首を振った。

「……ノー。初めて見ました。たぶん誰も知らないと思います」

そう言って、苦笑いを浮かべた。さらには隣の天燈の世話をしている別の女性スタ

空に飛ばすという行為は偉大で、不思議とどんな願い事でも叶えられそうな気になる。

ッフに声をかけて訊いてくれたが、やはり全然知らないようだった。売り出し中のアイドルなのかもしれない。いかにも田舎のお祭りといった感じで微笑ましい。

まずは天燈に願いを書くようにと、女性はマジックペンを貸してくれた。

――さて、なんて書こうか。

街中でみんなが天燈を上げるのを見学し、他人の願い事を散々冷やかしていたくせに、いざ自分が書くとなるといささか気恥ずかしさも募る。

とはいえ、ここで尻込みするのはナンセンスだ。

実は願いの内容はあらかじめ決めてあった。いまの自分としてはこれ以外考えられないぐらいの、切実な願い事である。だったらさっさと書けばいいのだが、本番に弱いタイプなのでつい緊張してしまうのだった。

僕が書きやすいようにと、女性は天燈の紙袋の端を持って広げてくれた。そこに意を決してペン先を向ける。漢字を間違えないように注意を払いながら、一文字一文字丁寧に書き綴っていった。最後に自分の名前と、今回も日本で留守番をしている奥さんの名前を代理で記し――うん、完成である。

「オーケー？」

女性は僕に確認すると、しゃがみ込んで点火した。天燈の口元の針金部分を足で踏み込んで地面に固定し、紙袋のてっぺんを手で摘んで形を維持する。こうすることで、内部に徐々に空気がたまり紙袋が膨らんでいく。

たちまちのうちにプライベート熱気球が出来上がったのを見て悦に入るのも束の間、「さあ行きますよ」と女性が促した。いっせいのせで足を離す。すると、ふわっと下から強い力で突き上げられ、紙袋を摑んでいた手が自然と離れた。次の瞬間には我が天燈はもう空の一部となっていたのだった。

満を持しての打ち上げであるが、やってみると案外呆気ない。でも、その呆気なさが潔くも感じられた。未練がましくいつまでも摑み続けるのではなく、勢いにまかせパッと放つ。

遠くへ、天高くどこまでも飛んでいけ！

数え切れないほどの大量の熱気球が舞い上がり、遥か上空でチカチカと星屑のような輝きを放ち始めた。ついさっきまで手元にあった炎のゆらめきが、みるみる高度を上げていく。

僕はその軌跡を追いかけた。やがて光の大群の中に紛れ込み、視界から永遠に姿を消すまで夜空に目を凝らし続けた。

おわりに

ブームは唐突にやってくる。台湾がマイブームなのである。

旅を始める前は、まさか自分がこれほどまでにハマるとは思わなかった。本書を書き終えたいま、すぐにでもかの国へ飛び立ちたい衝動に駆られている。

熱は旅をすればするほどエスカレートしていく。次から次へと疑問が生じ、知りたい欲を満たすためにあれこれ調べ、この目で確認しようとアクションを起こす。好奇心に促される形で僕は旅を続けていった。結果、台湾をぐるりと一周し、さらには離島にまで足を延ばした。以上が本書のあらましである。

台湾は心安まる国だ。これまで百ヶ国近く旅してきた中で、居心地の良さは群を抜いている。旅をしていて不快な気持ちを抱いた瞬間はなんと一度もなかった。

さらには美味しい国でもある。今回はいつも以上に食いしん坊な旅だった。読み返すと本当に食べてばかりで恥ずかしくなるが、そこにウマイものがあるのなら、口に入れずに我慢するのも無理な話である。

各地で絶品のローカルグルメを食べ歩いているだけでも、台湾らしさに触れられる。そういえば終章で綴った天燈祭の際には、こんなことがあった。

僕は昼食をとろうと、小さな食堂に入った。軒先に並べられた簡素なテーブルでみんなが食べている麺料理が美味しそうだったからだ。

店主は客が日本人なのを見て気を利かせたのか、日本語で書かれたメニューを持ってきてくれた。ところが、そのメニューには牛肉麺やワンタンスープといった、いかにも日本人受けしそうな王道の料理しか書かれていなかった。

こういうのではなく、みんなが食べているあの得体の知れない麺が食べたい。

僕は席を立ち、隣のテーブルに近づいてお碗を指差し店主に目で訴えた。するとそのテーブルを囲んでいた人たちが僕に気がつき、店主へ向かってあれこれ指示を出し始めた。麺のほかにも、このスープも美味しいわよと、自分たちが食べている料理をオススメしてくれ、終いには代わりに注文まで済ませてくれたのには恐縮した。

店は混んでいて、一人旅の僕は若いカップルと相席だった。彼氏の方は髪を金髪に染め、彼女の方もギャルっぽい出で立ちなのを見て、僕は内心むむと身構えた。しかし、思い込みだった。人を外見で判断してはいけない。ものすごく親切な若者たちで、色々と気を遣ってくれたのだ。会計時には、僕のためにわざわざ席を立って店主を呼んできてくれたほどで、偏見の目で見た自分が情けなくなった。

台湾の人たちは心根がやさしく、世話を焼いてくれることも本当に珍しくない。困っている人がいたら放っておけない国民性なのだろう。思えば、彼らの親切心にたっぷり甘え、助けられてばかりの旅だったなあと回想する。

いつもは愚痴をこぼしてばかりの我が旅行記だが、今回は心あたたまるようなエピソードがやけに多く、ぼやきは少なめだ。それもひとえに台湾の人たちのお陰であるということは、最後に書いておきたい。多謝。ありがとうございました。

幻冬舎文庫から出るこの書き下ろし旅行記シリーズもすっかり毎年の恒例行事と化し、本書でもう四作目となる。これまでは複数の国々を周遊するものだったが、今回は思い切って一ヶ国に特化した点は自分としては新鮮だった。考えたら、まるまる一冊を使って一ヶ国の旅行記をまとめること自体、拙著としては初めての試みである。その行き先が台湾であったことに、運命的な縁を感じてもいる。

今回も編集を担当していただいた永島賞二さん、装幀の斉藤いづみさんに大変お世話になりました。奥さんこと松岡絵里にも感謝。いつもより本編が長くなったので、このあとがきはいつもより短めに締めくくります。

二〇一五年三月二十七日　今年は花見の前に書き終えました　吉田友和

この作品は書き下ろしです。原稿枚数455枚(400字詰め)。

週末《しゅうまつ》台北《たいぺい》のち台湾《たいわん》一周《いっしゅう》、ときどき小籠包《しょうろんぽう》

吉田友和《よしだともかず》

平成27年6月10日　初版発行

発行人――石原正康
編集人――袖山満一子
発行所――株式会社幻冬舎
〒151-0051東京都渋谷区千駄ヶ谷4-9-7
電話　03(5411)6222(営業)
　　　03(5411)6211(編集)
振替00120-8-767643

印刷・製本―近代美術株式会社

装丁者――高橋雅之

幻冬舎文庫

ISBN978-4-344-42350-3　C0195　よ-18-6

幻冬舎ホームページアドレス　http://www.gentosha.co.jp/
この本に関するご意見・ご感想をメールでお寄せいただく場合は、
comment@gentosha.co.jpまで。